Verduras
y legumbres

Verduras y legumbres

Edición y coordinación: Jaume Prat
Diseño de interior y cubierta: La Page Original
Fotografía: Francesc Guillamet Ferran, Maribel Ruiz de Erenchun
Maquetación: Marta Oró

© de las fotografías: Francesc Guillamet Ferran
© de la presente edición, RBA Libros, S.A., 2005
Pérez Galdós, 36 - 08012 Barcelona
rba-libros@rba.es
www.rbalibros.com

Primera edición: febrero 2005

Ref. LPG-42
ISBN: 84-7871-271-2
Dep. Legal: B. 5.696-2005
Impreso por Egedsa

Verduras
y legumbres

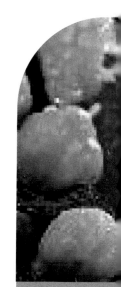

s u m a r i o

La pirámide nutricional

La pirámide nutricional es el método utilizado por la moderna medicina dietética para orientarse en el consumo cotidiano de los diversos alimentos, en unas proporciones que conviertan la dieta en una fuente de salud.

En la base de la pirámide, los escalones inferiores, se hallan los hidratos de carbono complejos, los cereales y sus derivados, el arroz y las legumbres frescas. Este grupo de alimentos aporta la mayor parte de las calorías que un individuo sano consume al día.

Inmediatamente encima, en el segundo nivel, se encuentran las verduras y las frutas, con menor proporción de hidratos de carbono y más vitaminas (especialmente las antioxidantes), minerales y fibra. Se debe tratar de estimular su consumo en todos los grupos de edad.

Grasas, azúcares, derivados lácteos grasos, mantequilla, nata, mermeladas, chocolate, miel, pasteles, helados, postres.

Carnes vacunas, de cerdo, de cordero, pollo, embutidos, fiambres, pescados y mariscos, quesos, leche, derivados lácteos y huevos.

Verduras, hortalizas, tubérculos y frutas.

Cereales, arroz, legumbres frescas, pan, harinas y derivados, pastas, sémolas, etc.

Las verduras en la pirámide nutricional

El grupo de las verduras está situado cerca de la base de la pirámide nutricional, lo que significa que comer muchas porciones de verduras al día resulta una condición importante para seguir una dieta saludable. Las verduras resultan extremadamente beneficiosas porque son muy ricas en vitaminas y minerales. Las zanahorias, por ejemplo, son una extraordinaria fuente de vitamina A, tanto crudas como cocidas; los tomates, omnipresentes en la cocina mediterránea, aportan buenas cantidades de vitamina C, al igual que la coliflor.

Es rara la verdura que no presenta en su composición elementos benéficos para la salud del organismo, y más rara todavía la que contiene algún compuesto perjudicial. Si existe alguno, como por ejemplo los nitratos en la piel de determinadas hortalizas, el efecto dañino no procede de la propia verdura, sino de su tratamiento agrícola. Por otra parte, las verduras también aportan cantidades apreciables de hidratos de

carbono y son ricas en fibras muy beneficiosas para el sistema digestivo. Las pautas de la pirámide nutricional indican que se deben comer entre tres y cinco porciones de este grupo de alimentos cada día.

La dieta mediterránea

Según los últimos estudios de la medicina dietética, la dieta mediterránea contribuye eficazmente a disminuir el riesgo de padecer patologías crónicas como enfermedades del corazón, cáncer, obesidad y diabetes, que en la actualidad afectan, cada vez con mayor incidencia, a sectores importantes de las sociedades desarrolladas, especialmente a las poblaciones urbanas más sedentarias.

La característica principal de la dieta mediterránea tradicional es el consumo abundante de cereales y de sus derivados (pan, pasta, arroz...), de verduras y hortalizas, legumbres, frutos secos y frutas, y el consumo en menor cantidad de pescados, huevos y derivados lácteos, y, por último de carne en una proporción todavía menor. Una estructura de consumo radicalmente distinta a la del resto de países desarrollados del planeta.

En la dieta mediterránea todos estos alimentos se condimentan o cocinan habitualmente en un porcentaje abrumador con aceite de oliva (aumenta el llamado buen colesterol y evita la oxidación del llamado «mal colesterol», que es el principal responsable de la formación de acumulaciones grasas en el sistema circulatorio) y en menor medida con aceite de semillas (que contiene una grasa similar a la del pescado azul, que reduce el colesterol total, los triglicéridos sanguíneos y la viscosidad de la sangre). Una última característica es el consumo habitual y moderado de vino tinto en las comidas.

En el tercer nivel, encima de las verduras y las frutas, se encuentran los pescados, los mariscos y las carnes, con una mayor proporción de grasas y un alto contenido proteínico. También pertenecen a este nivel los productos lácteos y los huevos. Los pescados son recomendables por su excelente aporte de proteínas y hierro, y los pescados azules porque aportan grasas beneficiosas que tienen un efecto preventivo de los factores de riesgo de las enfermedades cardiovasculares.

El penúltimo nivel de la pirámide es un compartimento relativamente pequeño que agrupa a los aceites, grasas, mantequilla, margarina y a aquellos alimentos que contienen una importante cantidad de grasas, como las aceitunas y los frutos secos.

Finalmente, en la cúspide de la pirámide se hallan los alimentos menos adecuados para una dieta saludable, por su alto contenido en grasas y calorías e hidratos de carbono: azúcares, dulces, pasteles, derivados lácteos grasos, etc.

Significado de los iconos

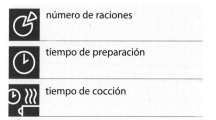

número de raciones

tiempo de preparación

tiempo de cocción

tiempo de refrigeración

dificultad

sistema de cocción

precio

El aceite y el vinagre

El aceite de oliva y el vinagre de vino son dos condimentos omnipresentes en la cocina mediterránea. En comparación con los aceites de semillas, el de oliva es mucho más aromático y sabroso, de elaboración más simple, y mucho más estable y apropiado para freír las verduras, ya que aguanta mejor las altas temperaturas sin descomponerse. Existen diversos tipos de aceite de oliva, según su proceso de elaboración y su grado de acidez: aceite de oliva virgen, aceite de oliva refinado y aceite puro de oliva (mezcla de virgen y refinado). En conjunto, todos ellos destacan por su elevado aporte de un tipo de grasa llamada monoinsaturada (principalmente ácido oleico). El de oliva virgen y el puro son los

Las guindillas, de las que existen múltiples variedades, desde las extremadamente picantes a las que no pican en absoluto, se usan mucho como condimento de numerosos platos. Contienen más vitamina C que los cítricos, pero no contribuyen en exceso a cubrir los requerimientos diarios de la misma, ya que se consumen en cantidades muy pequeñas.

El brócoli y la coliflor son las variedades más sabrosas de la familia de las coles y ofrecen muchas posibilidades desde el punto de vista culinario. Poseen un alto contenido en vitamina C y betacarotenos, y un porcentaje muy bajo de hidratos de carbono, proteínas y grasas.

Las alcachofas estimulan el apetito, son poco calóricas y contienen abundante fibra, calcio, hierro y vitaminas A, B y C. Se encuentran en el mercado durante todo el año, pero su temporada natural es el invierno y el arranque de la primavera.

El apio es una de las verduras más ligeras, ya que está compuesto por más de un 90 % de agua y sólo contiene 16 calorías por 100 g de peso. Es rico en sales y aceites esenciales, y muy diurético.

Las judías verdes son quizás la verdura más consumida en la dieta mediterránea, junto con las patatas. Contienen mucha agua (hasta un 85 %), hidratos de carbono, pocas proteínas y casi ninguna grasa, y bastante fibra. Son ricas en potasio y poseen hierro y otros minerales, además de betacarotenos antioxidantes (vitamina A).

Las berenjenas están formadas por agua en un 90 %, con un 2 % de proteínas, ninguna grasa y pequeñas proporciones de vitaminas A, B y C. Son ricas en calcio y potasio. Debido a la firmeza de su carne tienen múltiples aplicaciones en la cocina.

Podría decirse que la cocina mediterránea sería imposible de imaginar sin el ajo, pues griegos y romanos ya lo consumían en abundancia. El ajo crudo tiene propiedades fungicidas, bactericidas y depurativas.

La cebolla, rica en minerales, vitaminas y oligoelementos, contiene además una sustancia volátil, el alilo, que le da su característico aroma. En la cocina mediterránea forma un trío casi inseparable con el tomate y al ajo, los tres protagonistas del omnipresente sofrito.

Las aceitunas, el fruto del olivo, presentan numerosas variedades y se consumen principalmente como aperitivo. Sin embargo, también son muy útiles como condimento en platos de verduras y de carne. Contienen alrededor de 185 calorías y 20 g de grasa por cada 100 g de peso, con predominio de los beneficiosos ácidos grasos insaturados.

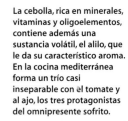

Las zanahorias son ricas en betacaroteno (provitamina A), en vitamina E y vitaminas del grupo B (folatos y vitamina B3). El betacaroteno es especialmente beneficioso, ya que se transforma en vitamina A o retinol, esencial para la visión y el buen estado de la piel.

Las setas han sido contempladas con desconfianza durante mucho tiempo por la existencia de variedades tóxicas. Sin embargo, hoy en día se encuentran en todos los mercados y se han convertido en uno de los productos más exquisitos y valorados en la gastronomía mundial.

El perejil es la planta aromática de uso más extendido en la cocina mediterránea, pues –casi siempre en compañía del ajo– está presente en multitud de salsas y picadas, y también como ingrediente en una gran variedad de recetas de verduras, carnes y pescados.

más ricos en vitamina E (antioxidante natural). El ácido oleico aumenta los niveles en sangre del llamado «buen colesterol» (HDL-colesterol). Por otro lado, la vitamina E y el ácido oleico evitan la oxidación de las lipoproteínas o transportadores en sangre del colesterol y de otras sustancias relacionadas con el desarrollo de ciertos tipos de cáncer. Estas virtudes son las que convierten al aceite de oliva en un alimento altamente saludable.

El puerro pertenece a la familia de las cebollas y se usa como ingrediente de caldos y potajes debido a sus cualidades refrescantes y aromáticas. También forma parte de numerosas recetas de verduras, sopas y cremas. Posee un alto contenido en vitaminas, fibras y minerales como el magnesio, el sodio y el fósforo.

Las acelgas han arrastrado durante mucho tiempo la fama de verdura insípida que sólo se podía tomar hervida. Sin embargo, la realidad es que pueden convertirse en una plato delicioso si se cocinan y acompañan adecuadamente. Son muy poco calóricas y la verdura más rica en calcio después de las espinacas.

El trigo y el pan son el tercer pilar de la dieta mediterránea, junto con el aceite de oliva y el vino.

Los tomates son sin lugar a dudas los reyes de la cocina mediterránea, pues aparecen en la composición de un altísimo porcentaje de platos y recetas, ya sea crudos, cocidos o en forma de salsa. Además, su riqueza en licopeno (de la familia de la provitamina A) los hace especialmente recomendables en una dieta sana.

Las patatas son ricas en hidratos de carbono complejos (almidón) y calorías (80 por cada 100 g), una proporción que se puede triplicar al freírlas de modo inadecuado. Sin embargo, preparadas de otras maneras (asadas, hervidas...) son un excelente recurso energético para el organismo.

Las legumbres contienen un 20 % de proteínas, tantas como las carnes, pero muchísimas menos grasas (2-5 %) y son ricas en hidratos de carbono, fibras, calcio y hierro. Su fama de pesadas y poco digestivas resulta injustificada si se las trata adecuadamente en la cocina.

Los espárragos son poco nutritivos y energéticos, pero compensan este defecto con su extraordinario sabor, que los convierte en una auténtica delicia gastronómica.

El calabacín aporta al organismo folatos, vitaminas C y B y betacarotenos, pero además es un excelente ingrediente culinario que admite multitud de tratamientos: al horno, rebozado, relleno, en tortilla, guisado, en forma de crema o como simple guarnición de platos de pescado y carne.

Los pimientos, al igual que el tomate y la patata, son originarios de América del Sur, pero ya hace siglos que se han convertido en un producto básico de la cocina mediterránea, tanto en crudo como fritos, asados o como ingrediente de complejas recetas. Son muy ricos en vitamina C, betacarotenos, ácido fólico y vitaminas del grupo B.

Cómo cocinar las verduras

Las verduras son alimentos ricos en vitaminas, minerales, agua, fibras y sustancias antioxidantes, indispensables para el buen funcionamiento de nuestro organismo. Sin embargo, hay que tener en cuenta que el sistema de cocción empleado influye de modo notable en la cantidad final de estos elementos que quedan en las verduras. Éstas son las diferentes formas de preparar verduras y su influencia sobre el valor nutritivo final de las mismas.

Verduras asadas

Asar las verduras realza su sabor, pero se pierde cerca de un 25 % de sus vitaminas (más que con la cocción en agua). A la plancha quedan bien las hortalizas carnosas como las berenjenas y los calabacines, y en general las setas carnosas como los champiñones y los níscalos. Estas mismas hortalizas también se pueden cocinar al horno. Si se hacen enteras, pierden menos agua, pero tardan bastante más en cocerse. También se pueden asar sin aceite, envolviéndolas en papel de aluminio.

Verduras fritas

Fritas, rebozadas o empanadas las verduras absorben parte del aceite de la fritura, por lo que resultan bastante más calóricas que las verduras cocinadas con otras técnicas, y menos fáciles de digerir. Cuando se fríen las verduras, siempre hay que dejarlas escurrir muy bien en papel absorbente o en un escurridor.

Verduras hervidas

Para reducir al máximo las pérdidas de vitaminas y sales minerales hay que usar siempre la menor cantidad de agua posible, apenas cubriéndolas. Además, hay que cortarlas en trozos grandes e introducirlas en el recipiente cuando el agua ya hierva, para reducir el tiempo final de cocción. Tampoco hay que cocerlas demasiado, pues son mucho más sabrosas y saludables poco cocidas (al dente).

Verduras al vapor

Es la técnica que garantiza una menor pérdida de nutrientes y una mayor conservación de los sabores y aromas naturales. Consiste en cocinar las verduras con el vapor que suelta el líquido que hierve (generalmente agua, aunque se pueden usar caldos de cocción de otras verduras), al que se le pueden añadir hierbas aromáticas. Las verduras se colocan sobre una rejilla o canastilla especial dentro de un recipiente con agua en el fondo, de modo que el agua no entra en conctacto con ellas.

Estos son los nombres de algunas de las técnicas culinarias que aparecen en las recetas.

Asar Cocer una verdura a la plancha, la parrilla o al horno.

Blanquear o escaldar Introducir las verduras durante muy poco tiempo en agua hirviendo con sal. Cuando se introduce la verdura el agua deja de hervir, y en el momento en que se reinicia el hervor se deja un par de minutos y se retira. El blanqueado o escaldado también va muy bien para pelar tomates y para preparar verduras para congelarlas.

Brasear o bresear Cocinar una verdura a fuego lento en una cazuela baja con tapa (brasera), de modo que se vaya cociendo poco a poco en su propio jugo.

Cocer en caldo blanco. Se usa para las verduras que se oxidan con facilidad al entrar en contacto con el aire. Se diluye una cucharada de harina y el zumo de un limón en 2 litros de agua y se usa este caldo para cocer la verdura. Va bien con verduras como las alcachofas, las pencas de las acelgas, los cardos y las endibias.

Confitar Cocinar una verdura en abundante aceite y a fuego muy suave, hasta que se ablande. Es muy adecuada para para ajos, zanahorias, setas, cebollitas, y en general para todas las verduras de pequeño tamaño.

Cuajar Hacer que un alimento líquido adquiera una textura más sólida y pastosa. Casi siempre se aplica a los huevos en la confección de las tortillas.

Escalfar Cocer un alimento (casi siempre se aplica a los huevos) en agua o caldo hirviendo.

Estofar Cocinar la verduras con sus condimentos a fuego suave y con el recipiente destapado. De este modo sueltan lentamente el agua y se produce un intenso intercambio de sabores entre las verduras y los condimentos. El estofado es especialmente adecuado para verduras ricas en agua y de sabor pronunciado.

Fumet Caldo reducido que se usa como base para sopas y salsas, y como ingrediente de apoyo en diversas recetas de estofados. El ingrediente principal es generalmente el pescado.

Glasear Cocinar una verdura en compañía de una grasa (mantequilla), azúcar y muy poca agua. Cuando el agua se evapora el azúcar se carameliza dando al plato una textura y un sabor muy especiales.

Gratinar Dorar en el horno la parte superior de un plato. Una técnica muy habitual consiste en espolvorear la superficie con queso rallado, de manera que al tostarse se dore y quede crujiente.

Ligar Unir entre sí diversos ingredientes de una receta hasta lograr una mezcla homogénea.

Majar Machacar en el mortero, especialmente ajos y hierbas aromáticas, frutos secos como almendras y piñones, acompañados de líquidos (aceite, agua, vino) para facilitar el proceso.

Picar Cortar en trozos una verdura, en juliana (en tiras finas), en brunoise (pequeños dados), etc.

Rallar Picar muy fino un producto con ayuda de un rallador.

Reducir Hacer hervir un líquido –por el ejemplo el vino o un caldo– el tiempo necesaio para que, al perder suficiente cantidad de agua, quede más concentrado.

Rehogar o pochar Cocinar un alimento en grasa o aceite, a fuego lento y durante un período de tiempo más bien prolongado, hasta que se ablande. Se utiliza sobre todo para las cebollas y los pimientos.

Saltear En el caso de las verduras, el salteado se usa para terminar el cocinado después de cocerlas escaldadas o blanqueadas.

Soasar Asar a medias o muy ligeramente.

Sofreír Freír a medias o muy ligeramente.

primavera

Después del largo invierno, la primavera se anuncia con algunas de las delicias de la huerta mediterránea: guisantes y habas tiernos, zanahorias, alcachofas y espárragos trigueros serán la base de los más refrescantes y sabrosos platos.

| 6 | 45 min. | 10 min. | ❄ | ● | olla | ●● |

1 kg de habas tiernas

1/2 kg de guisantes frescos

4 ramitas de menta fresca

6 hojas del centro de una lechuga

200 g de jamón ibérico

aceite de oliva

vinagre de Jerez o de Módena

mostaza

sal

Las habas y los guisantes frescos desgranados resultan bastante más caros que con vaina, pero son una buena alternativa si no tienes tiempo. En este caso, necesitarás 500 g de habas y 250 g de guisantes.

El punto de cocción es muy importante: es mejor que habas y guisantes estén un poco crudos, en vez de demasiado cocidos, ya que así conservan todo su sabor primaveral.

El equilibrio y el contraste entre el sabor ligeramente dulce de los guisantes y las habas tiernas y el salado del jamón son primordiales en esta receta. Por ello no hay que salar hasta el final y con mucha precaución.

Habas y guisantes tiernos a la menta

Una receta de una sencillez tremenda y un contraste de sabores difícilmente igualable. Como también resulta difícil imaginar un plato de mayor frescor y ligereza, matizados y potenciados por la intensidad del sabor del jamón ibérico, el aceite de oliva y el vinagre.

1 Una vez desgranados los guisantes y las habas, colócalos en una olla apenas cubiertos de agua y con una ramita de menta.

2 Cuando empiecen a hervir, calcula entre 7 y 10 minutos según el tamaño de las habas. Comprueba que estén tiernas. Es importante estar atento para que no se pase el punto de cocción, pues se rompen con facilidad y pierden sabor.

3 Escurre las verduras y retira la menta. Mientras dejas que se enfríen, corta la lechuga en juliana, a tiras muy finas. Haz lo mismo con el jamón después de eliminar toda la grasa.

4 Mezcla bien las habas y los guisantes fríos con el jamón y la lechuga.

5 Prepara una vinagreta con tres o más cucharadas de aceite de oliva de primera calidad, un chorro de vinagre y una cucharadita de mostaza. Añade sal con cuidado; recuerda la presencia del jamón. Pica la menta muy fina y mézclala en la vinagreta.

6 Rocía las verduras con la vinagreta y mézclalo todo bien.

PROPIEDADES POR RACIÓN:

| Proteínas: 17 g | H. Carbono: 10 g | Grasas: 12,5 g | Colesterol: 23 mg | Calorías: 220,5 kcal |

| 4 | 25 min. | 10 min. | | ● | sartén | ● |

300 g de espárragos trigueros

100 g de ajos tiernos

2 cucharadas de gambas pequeñas peladas o congeladas

4 huevos

1/2 tacita de leche

1 cucharada de aceite

sal

Revoltillo de ajos tiernos, espárragos y gambas

Una receta sencilla, fácil de preparar, que combina algunos de los sabores más intensos de la tierra y el mar: los espárragos y los ajos tiernos, productos de la incipiente primavera, se funden con el aroma marino de las gambas gracias a la colaboración del huevo batido y la leche.

1   En una sartén con aceite, tapada, saltea durante 3-5 minutos (depende del grosor) los espárragos troceados, con una punta de sal y a fuego lento, removiendo de vez en cuando para que no se chamusquen.

2   A continuación, añade los ajos tiernos y sigue removiendo; al final, agrega las gambas, con la sartén ahora destapada.

3   Al cabo de 5 minutos más, añade los huevos y la leche, revolviendo sin parar hasta que el huevo esté cuajado. Se sirve inmediatamente, sin dejar que se enfríe.

4   En algunas zonas adornan este revoltillo con algunas cebolletas de guisar muy pequeñas rehogadas en el primer paso junto con los demás ingredientes.

Si quieres convertir este plato en una delicia gastronómica aún mayor, sustituye las gambas congeladas por las colas cortadas a trocitos de cuatro o seis gambas grandes frescas. Es más caro, pero vale la pena.

Las gambas también se pueden sustituir por taquitos de jamón ibérico de primera calidad, sin grasa.

Hay quien dice que la leche suaviza en exceso los potentes sabores de los tres ingredientes principales. Si te apetece seguir el consejo de los clásicos, elimina la leche y añade un poco más de aceite de oliva.

PROPIEDADES POR RACIÓN:

| Proteínas: 23 g | H. Carbono: 19 g | Grasas: 16 g | Colesterol: 425 mg | Calorías: 312 kcal |

Calabacines al horno

6 calabacines medianos

6 tomates medianos

2 cebollas medianas

1 ramita de albahaca fresca

2 dientes de ajo

100 g de queso emmental rallado

1/2 vaso de vino blanco seco

2 cucharadas de aceite de oliva

sal y pimienta

Aunque es un producto típicamente veraniego, el calabacín puede encontrarse ya desde los primeros meses de la primavera y admite múltiples preparaciones culinarias. Al horno, se convierte en la la base de combinaciones de todo tipo, muy sencillas, refrescantes y poco calóricas.

1   Lava los calabacines y córtalos en rodajas de medio centímetro. Pica los dientes de ajo y rehógalos a fuego moderado en una sartén con el aceite. Añade enseguida los calabacines y rehógalos –con cuidado, para que no se rompan– a fin de que suelten el agua y se reblandezcan.

2   Sácalos con cuidado y déjalos escurrir bien en papel absorbente o en un colador. En la misma sartén, rehoga a fuego suave las cebollas picadas finamente. Al cabo de 5 minutos, añade el tomate rallado (si te molestan las simientes, pasa la pulpa por el chino) y la albahaca fresca picada muy fina. Sofríe a fuego suave durante 15 minutos. Salpimenta a media cocción.

3   En una fuente para el horno, coloca una capa de rodajas de calabacín y espolvoréala con queso y con la salsa de tomate, cebolla y albahaca. Repite la operación hasta que se acabe el calabacín y al final rocía con el vino antes de acabar con la última capa de salsa y queso.

4   Introduce la fuente en el horno, precalentado a 200 ºC. En unos 20 minutos el queso empezará a gratinarse y el plato estará a punto.

Si puedes conseguir una cantidad apreciable de albahaca fresca (mejor de la variedad de hoja grande), y quieres darle a la receta un perfume marcadamente italiano, pica las hojas en la picadora y diluye la pulpa resultante con un poco de aceite y vino blanco. Añade este preparado al sofrito de tomate 5 minutos antes de acabarlo.

Si sustituyes la albahaca y el emmental por orégano fresco y requesón (o cualquier otro queso fresco), obtendrás unos cambios realmente interesantes en los matices de sabor y textura.

PROPIEDADES POR RACIÓN:

Proteínas: 12 g	H. Carbono: 14 g	Grasas: 22 g	Colesterol: 18 mg	Calorías: 302 kcal

| 4 | 20 min. | 20 min. | | | • | olla vapor | • |

300 g de judías verdes peronas

500 g de guisantes frescos desgranados

2 alcachofas

6 espárragos blancos naturales

1 zanahoria

4 lonchas de jamón ibérico o de pato

4 huevos

1 vaso de vino blanco seco

1 ramito de hierbas aromáticas secas

aceite de oliva

sal

Para que los huevos no se rompan, hay que sacarlos de la nevera un cuarto de hora antes, de modo que al entrar en contacto con el agua estén a la misma temperatura.

Otro truco para evitar la rotura consiste en hacerles un pequeño agujero con una aguja y echar en el agua un par de cucharadas de sal.

Esta receta puede prepararse también con verduras congeladas –guisantes, judías verdes finas y alcachofas– pero es obvio que no resulta tan apetitosa.

Menestra de verduras a las hierbas

La menestra de verduras al vapor es una de las recetas que mejor conservan el delicado sabor y las propiedades nutritivas de los productos de la huerta. Esta receta ofrece además el aliciente del contraste con el intenso aroma del jamón y las hierbas.

1   Limpia las alcachofas, quita el tallo y las hojas exteriores y córtalas en cuatro trozos. Pela los espárragos y elimina los tallos. Corta las puntas de las judías verdes y elimina las hebras, y después córtalas en tiras longitudinales. Por último, pela la zanahoria y córtala en trozos de medio centímetro.

2   En una olla para cocer al vapor, con cestillo, pon en el fondo un litro de agua con una cucharada de aceite, el romero y el vino.

3   Coloca las verduras en el cesto por este orden: la zanahoria y las alcachofas mezcladas en el fondo, después las judías verdes y los guisantes; encima de todo, los espárragos. Sazona por capas, a medida que las vayas colocando, y tapa la olla.

4   Cuando el agua empiece a hervir, deja cocer durante 20 minutos a fuego medio. Aparte, en un cazo con agua y un puñado de sal, hierve los huevos durante 10 minutos. Déjalos enfriar bajo el chorro del agua y pélalos.

5   Retira la verdura y colócala en los platos de modo que las distintas hortalizas queden bien repartidas. Después, coloca en el centro el huevo duro, entero o cortado en láminas, y el jamón alrededor.

PROPIEDADES POR RACIÓN:

| Proteínas: 21 g | H. Carbono: 19 g | Grasas: 22 g | Colesterol: 207,5 mg | Calorías: 358 kcal |

6	15 min.	30 min.			•	sartén	•	

500 g de calabacines

500 g de pimientos verdes

500 g de berenjenas

500 g de tomates maduros

2 cebollas grandes

2 dientes de ajo

aceite de oliva

sal

pimienta

Para pelar los tomates sin esfuerzo, sumérgelos durante 30 segundos en agua hirviendo y déjalos enfriar. La piel se desprenderá con gran facilidad.

El pisto constituye un acompañamiento ideal para platos de carne y pescado, o para acompañar verduras hervidas o al vapor. También puedes servirlo como aperitivo encima de unas rebanadas de pan pequeñas.

También puede convertirse en un primer plato, espolvoreado con ajo y perejil picados. En los días calurosos resulta muy apetitoso servido frío.

Pisto de verduras

Pisto, caponata, zarangollo, ratatouille... la geografía mediterránea resuena con los distintos nombres de este plato de verduras, que tiene casi tantas variantes como países y regiones. Su común denominador: la cocción lenta y la suavidad de la textura final.

1   Lava los pimientos, quítales el tallo y las semillas, y córtalos en trozos pequeños. Pela los tomates, la cebolla, las berenjenas y los calabacines, y córtalos del mismo modo.

2   En una sartén con 3 cucharadas de aceite fríe a fuego medio los pimientos, la cebolla y los calabacines durante 10 minutos. Baja el fuego al mínimo y deja freír 20 minutos más, removiendo de vez en cuando, pero con cuidado porque los calabacines tienden a deshacerse cuando empiezan a estar cocidos.

3   En otra sartén con el resto del aceite, sofríe durante un minuto los ajos picados, a fuego lento, y añade los tomates. Tapa la sartén para que no salpique. Deja cocer durante 15-20 minutos. Si el tomate es de bote, bastará con 10 minutos.

4   Cuando los pimientos, el calabacín y la cebolla estén a punto, pasa el tomate por un escurridor, para eliminar el resto del aceite, y agrégalo a la primera sartén. Si el tomate está bien hecho, se separa del aceite, y entonces basta con inclinar la sartén y sacar el aceite con una cuchara.

5   Remueve la mezcla con mucho cuidado y déjala cocer durante 5 minutos más, a fuego muy suave.

6   Vierte el pisto en una fuente honda. El aceite subirá a la superficie y podrás eliminarlo casi todo. Es fundamental que no quede muy aceitoso.

PROPIEDADES POR RACIÓN:

Proteínas: 3 g	H. Carbono: 13 g	Grasas: 8 g	Colesterol: 0 mg	Calorías: 136 kcal

4	15 min.	25 min.		●	cazuela	●

Lentejas al limón

400 g de lentejas cocidas
100 g de arroz
2 patatas medianas
1 pimiento rojo
1 cebolla
1 diente de ajo
4 cucharadas de aceite de oliva
1 cucharada de vinagre
1/2 limón
1 hojita de laurel
1 cucharadita de pimentón dulce
sal

La lentejas son las legumbres más fáciles de digerir y, quizá, las que tienen un sabor más característico. Esta receta, además, las presenta combinadas con arroz y patatas, dos productos que absorben muy bien los aromas de los restantes ingredientes.

1   Pela y corta las patatas a trozos no muy grandes y colócalas en el fondo de una cazuela. Cúbrelas someramente con agua.

2   Añade el arroz y un vaso más de agua. Pon la cazuela al fuego, con el laurel, 2 cucharadas de aceite y un poco de sal, y deja hervir a fuego lento unos 10 minutos hasta que el arroz y las patatas estén al dente. Entonces, añade las lentejas, el vinagre y el zumo del medio limón. Si ves que el arroz necesita más agua, añádela caliente, pero siempre en pequeñísimas cantidades.

3   Mientras se va cociendo, prepara un sofrito rápido con la cebolla y el pimiento cortados finos, en juliana, y el diente de ajo picado.

4   Cuando la cebolla empiece a transparentar, apaga el fuego, agrega el pimentón, mézclalo todo bien y añádelo a la cazuela. Deja cocer unos minutos más, hasta que el arroz y las patatas estén en su punto. Deja enfriar un poco antes de servir.

Éste es un plato que no debe quedar caldoso. Si te has pasado con el agua, puedes tomar un puñado de lentejas, triturarlas en la batidora y añadir el puré resultante a la cazuela.

Puedes potenciar el sabor de esta receta si compras las lentejas crudas, de alguna de las variedades de cocción rápida, que suelen requerir unos 30 minutos. El caldo resultante proporcionará al conjunto de la receta un sabor mucho más intenso.

El tiempo de cocción del arroz es distinto según las variedades, pero oscila entre 15 y 20 minutos o más. De todos modos, siempre es mejor que no se pase.

PROPIEDADES POR RACIÓN:

Proteínas: 13 g   H. Carbono: 50 g   Grasas: 11 g   Colesterol: 0 mg   Calorías: 351 kcal

| 4 | 10 min. | 20 min. | | ● | cazuela | ● |

600 g de judías verdes finas

1 cebolla mediana

2 cucharadas de salsa de tomate

2 cucharadas de pasas de corinto

2 cucharadas de piñones

1 vaso de vino blanco seco

1 vaso de caldo vegetal

2 ramitas de menta

aceite de oliva

sal y pimienta

Judías verdes a la menta

Cien gramos de judías verdes aportan a la dieta un 25 % de la cantidad diaria recomendada de ácido fólico y de vitamina B6, y un tercio de la vitamina C. Unas cualidades nutritivas que se suman a su delicado sabor y a sus múltiples posibilidades culinarias.

1   Limpia las judías, elimina las puntas y córtalas en trozos de unos 3 centímetros.

2   Hiérvelas en la olla a presión cubiertas apenas de agua, con un poco de sal, una ramita de menta y un chorro de aceite de oliva. Basta con 3 minutos.

3   Prepara una cazuela con una cucharada de aceite de oliva, sofríe la cebolla picada fina, a fuego suave, durante 5 minutos. Añade los piñones, hasta que se doren ligeramente, y después las pasas. Remueve durante un par de minutos más, hasta que se hinchen un poco.

4   A continuación, agrega las judías escurridas y cubre la mezcla con el vino y el caldo, salpimenta y deja cocer durante 10 minutos, con la cazuela tapada. Cinco minutos antes de acabar, agrega la salsa de tomate y la otra ramita de menta. Deja enfriar un poco antes de servir.

Para comprobar si las judías son frescas, intenta romper una. Si es quebradiza y se rompe enseguida, es fresca. Por el contrario, si es elástica y cuesta romperla, es que han pasado unos días desde que fue recolectada.

Las judías verdes se prestan muy bien a la congelación, ya que conservan perfectamente su sabor y consistencia, además de todas las cualidades nutritivas.

No tires el caldo de la cocción de las judías tiernas, pues constituye una excelente base para preparar guisos de carnes, en sustitución del agua.

PROPIEDADES POR RACIÓN:

| Proteínas: 4 g | H. Carbono: 14 g | Grasas: 4 g | Colesterol: 0 mg | Calorías: 108 kcal |

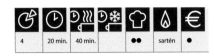

4 | 20 min. | 40 min. | ●● | sartén | ●

Espárragos con salsa

**2 manojos de espárragos verdes
o trigueros**

3 huevos

4 dientes de ajo

1 rebanada de pan

1 cucharadita de pimentón dulce

4 cucharadas de aceite de oliva

1 cucharada de vinagre de calidad

sal y pimienta

Considerado por muchos como el rey de la primavera, el espárrago triguero es una pieza codiciada en la cocina mediterránea, pero resulta difícil de conseguir. Los espárragos verdes cultivados, sin embargo, son también una excelente alternativa.

1 Lava y corta los espárragos a trozos de 2 cm, eliminando la parte inferior más dura. No intentes aprovecharlos al máximo. Pela los ajos.

2 Corta el pan en pequeños dados y sofríelos en una sartén con los ajos, a fuego muy suave, para que se doren sin quemarse. Hay que darles la vuelta con mucho cuidado y paciencia. Retíralos y déjalos sobre papel absorbente para que suelten todo el aceite.

3 En un mortero, pica bien los ajos y el pan, o, si lo prefieres, pásalos por la batidora con una pizca de agua.

4 En el mismo aceite, siempre a fuego muy suave, rehoga los espárragos durante 3 minutos y vierte por encima la pasta de pan y ajo; añade un poco más de agua, y también la sal y el vinagre, y un poco de pimienta.

5 Tapa la sartén y deja cocer a fuego medio durante una media hora, cuidando de que no se pierda todo el líquido. Cuando los espárragos estén tiernos, bate los huevos y viértelos en la sartén, removiendo unos segundos para que cuajen y se mezclen bien con los espárragos.

Si no vas a consumir los espárragos de inmediato (es lo más aconsejable en cuanto al sabor), puedes conservarlos un par de días en la nevera envueltos en un paño húmedo.

Si consigues espárragos trigueros auténticos, ten en cuenta que basta con pasarlos por la sartén un par de minutos, pues se chamuscan muy fácilmente y resultan más amargos.

Éste es un plato que entraña un cierto riesgo si no se tiene paciencia, pues el aceite puede calentarse demasiado al freír el pan. Si ves que han quedado migas chamuscadas, deséchalo y usa aceite nuevo.

PROPIEDADES POR RACIÓN:

Proteínas: 7 g   H. Carbono: 4 g   Grasas: 14 g   Colesterol: 150 mg   Calorías: 170 kcal

| 4 | 10 min. | 30 min. | | • | cazuela | • |

8 alcachofas pequeñas
400 g de habas frescas
1 manojo de cebollas tiernas
2 tomates pelados y trinchados
1/2 limón
1/2 vaso de vino blanco seco
4 cucharadas de aceite de oliva
1 cucharada pequeña de eneldo
1 diente de ajo
sal y pimienta

Si te apetece una alternativa rápida puedes usar habas pequeñas congeladas y corazones de alcachofa de lata. En este caso basta con 5 minutos de cocción después del sofrito. Es importante escurrir bien las alcachofas para eliminar los rastros y el sabor de los conservantes.

Si quieres potenciar el sabor de la receta puedes añadir, 5 minutos antes de acabar la cocción, 2 o 3 anchoas en aceite, cortadas a trocitos pequeños, y una docena de aceitunas negras sin hueso, también cortadas. Si vas a seguir este consejo, procura no excederte antes con la sal.

Corazones de alcachofas con habas

Las alcachofas de primavera y las habas tiernas, con su delicado e intenso sabor perfumado, se combinan en esta receta para formar una alianza inconfundible, matizada por el aroma de las hierbas.

1   Quita a las alcachofas el tallo, las puntas y las hojas exteriores, hasta dejar sólo el corazón, la parte más tierna. Pártelas por la mitad y cuécelas durante 5 minutos en la olla a presión, con un poco de sal y aceite, y poquísima agua.

2   Corta las cebollas en rodajas finas y sofríelas con el tomate y el ajo picado durante 5 minutos en una cazuela con aceite hasta que quede todo medio sofrito. Añade las habas y cuece durante un par de minutos, removiendo lentamente.

3   Añade el vino y el zumo de medio limón. Deja que todo se haga despacito durante 5 minutos, sin tapar, para que el vino se reduzca. Después, agrega las habas y un poco de agua, y deja cocer durante 5 minutos más.

4   Añade los corazones de alcachofa escurridos y deja hervir lentamente durante 10 minutos, hasta que las habas estén tiernas y casi no quede líquido.

5   Por último, espolvorea con el eneldo y la pimienta. Se sirve caliente.

PROPIEDADES POR RACIÓN:

Proteínas: 12 g   H. Carbono: 23 g   Grasas: 13 g   Colesterol: 6 mg   Calorías: 257 kcal

| 6 | 15 min. | 15 min. | | ● | sartén | ● |

Patatas a lo pobre

1 kg de patatas
1 pimiento verde
1 pimiento rojo
1 cebolla grande
2 dientes de ajo
1 taza de aceite de oliva
perejil
vinagre
sal

Ésta es una de las recetas más clásicas y tradicionales del área mediterránea, de una sencillez extrema y muy útil cuando no se dispone de tiempo ni de demasiados ingredientes en la despensa.

1   Pela las patatas y córtalas en láminas de 5 mm más o menos, y los pimientos en tiras de un centímetro. Pela la cebolla y córtala en aros finos.

2   Mezcla todos los ingredientes en una fuente y añade la sal.

3   Pon el aceite en una sartén y, cuando esté caliente, fríe la mezcla hasta que las patatas empiecen a dorarse. Entonces, baja el fuego y déjalo cocer todo durante 10 minutos.

4   Mientras, machaca en un mortero el ajo y el perejil, con una cucharada de vinagre. Cuando falte un minuto para finalizar la cocción, saca la mezcla de la sartén y ponla a escurrir para eliminar la mayor parte del aceite.

5   Cuando esté todo bien escurrido, vuelve a poner la sartén al fuego, esta vez vivo, coloca de nuevo las patatas y rocíalas con la salsa. Remueve con cuidado durante un minuto y ya está el plato a punto.

El secreto de esta receta, que en un principio puede parecer pesada o aceitosa, radica en escurrir bien la mezcla en los últimos minutos y en el último toque con la salsa, que deja las patatas un poco crujientes y aromatizadas.

Otro truco para dar más aroma a la receta consiste en añadir, también en los últimos minutos, un poco de comino machacado.

En este tipo de recetas es muy importante evitar que el aceite se sobrecaliente. El de oliva es el que mejor resiste las altas temperaturas y el que menos impregna los alimentos.

PROPIEDADES POR RACIÓN:

Proteínas: 6,5 g   H. Carbono: 43 g   Grasas: 11 g   Colesterol: 0 mg   Calorías: 297 kcal

4 | 25 min. | 30 min. | ●● | horno | ●

2 lechugas largas

200 g de mozzarella

2 tomates maduros grandes

2 cebollas medianas

4 huevos

4 anchoas en aceite

1 cucharada de alcaparras

50 g de aceitunas negras

1/2 vasito de vino blanco seco

aceite de oliva

sal y pimienta

Esta receta tiene una variante mucho más ligera que consiste en eliminar los huevos, pero entonces bastará con meter la cazuela en el horno durante 5 minutos, sólo para que todos los ingredientes queden bien ligados.

Es muy importante que la lechuga no quede «cocida», sino sólo escaldada, por lo que hay que controlar bien no pasarse con el tiempo.

Lechuga al horno con mozzarella y anchoas

Ésta es, sin duda, una receta extraña, ya que no es habitual consumir la lechuga cocida, y en combinación con unos huevos al horno. Sin embargo, es una buena muestra de los excelentes resultados que un poco de imaginación puede conseguir de unos productos típicamente mediterráneos.

1   Quita y desecha las hojas exteriores de las lechugas, y después escalda el resto durante 2 minutos en una cazuela con agua hirviendo. Déjalas escurrir bien.

2   Corta las cebollas en gajos muy finos y rehógalas en una sartén con un poco de aceite, sin que se chamusquen. Añade la mitad del vino, para que la cebolla quede blanda, y deja reducir, aumentando un poco el fuego.

3   Agrega los tomates, sin piel y picados pequeños, y deja sofreír durante 10-15 minutos. Salpimenta.

4   Mientras, deshuesa las aceitunas, y pícalas en un mortero con las alcaparras y las anchoas. Para facilitar la tarea, puedes usar el resto del vino. Añade la mezcla al contenido de la sartén.

5   Unta con aceite el fondo de una cazuela de barro y ve colocando capas de hojas de lechuga recubiertas con la salsa y láminas de mozzarella. Al final, encima de todo, haciéndoles sitio con cuidado con una cuchara, coloca los huevos y sálalos un poco.

6   Cubre la cazuela con papel de aluminio e introdúcela en el horno durtante 10 minutos a 200 ºC. Se sirve en la misma cazuela.

PROPIEDADES POR RACIÓN:

| Proteínas: 17 g | H. Carbono: 8 g | Grasas: 25,5 g | Colesterol: 226 mg | Calorías: 329,5 kcal |

| 4 | 10 min. | 30 min. | | | • | cazuela | • |

Estofado de habas, alcachofas y guisantes

400 g de habas frescas desgranadas

4 alcachofas grandes

400 g de guisantes frescos desgranados

3 cebollas tiernas

6 ajos tiernos

2 ramitas de menta fresca

2 cucharadas de aceite de oliva

1 limón

sal

Esta receta, simple y fácil de preparar, reúne en un solo plato tres de los tesoros de la huerta mediterránea: las alcachofas, los guisantes y las habas tiernas, que aparecen tan pronto como los fríos invernales dejan paso al sol primaveral. Además, se trata de un plato con muy pocas calorías y un alto aporte vitamínico y de fibra. Eso, sin hablar de su extraordinaria gama de sabores frescos y perfumados.

1   Pela los ajos y las cebollas, y córtalos en tiras estrechas longitudinales. Elimina de las alcachofas las hojas duras externas, pártelas por la mitad y extrae los filamentos del corazón. Córtalas en gajos de un centímetro más o menos y rocíalas con un poco de zumo de limón, para que no se ennegrezcan.

2   En una cazuela honda –si puede ser de barro, pero también sirven las de acero– sofríe a fuego lento los ajos y las cebollas durante 3-4 minutos, removiendo de vez en cuando para que no se chamusquen.

3   Cuando la cebolla empiece a ponerse transparente añade las alcachofas. Remueve y, a continuación, agrega las habas con un poco de agua, sin que las cubra. Añade un poco de sal y una ramita de menta.

4   Tapa la cazuela con la tapadera al revés. Echa encima un poco de agua y la otra ramita de menta, y deja cocer a fuego lento durante 15 minutos aproximadamente. Pasado este tiempo, agrega los guisantes y deja cocer 15 minutos más.

5   Cuando falten 5 minutos, rectifica de sal si es necesario. Debes tener en cuenta que los guisantes son muy dulces. También conviene vigilar que el estofado no se quede sin agua. Si es necesario, añade un poco, pero siempre con prudencia, para no diluir el delicado sabor del conjunto.

PROPIEDADES POR RACIÓN:

| Proteínas: 15 g | H. carbono: 25 g | Grasas: 8,5 g | Colesterol: 0 mg | Calorías: 236,5 kcal |

Es conveniente que la tapadera colocada al revés siempre tenga agua, por lo que habrá que añadir un poco cada vez que se evapore demasiado.

Para intensificar el sabor se puede agregar al estofado un tomate maduro –sin piel y partido en trozos pequeños– en el momento de sofreír el ajo y la cebolla.

Si compras las habas y los guisantes con vaina (mucho más baratos que desgranados), comprueba que las vainas sean de color verde brillante y que se rompan al doblarlas. Si no se rompen, es señal de que ya hace días que fueron recolectadas. También hay que evitar las vainas con manchas.

| 4 | 25 min. | 35 min. | | ● | cazuela | ● |

500 g de zanahorias

300 g de bacalao desalado

200 g de guisantes congelados

1 cebolla mediana

**1/2 l de caldo de pescado
 o de agua**

**2 cucharadas de salsa de tomate
 de bote**

2 huevos duros

aceite de oliva

sal

Zanahorias con guisantes y bacalao

Dulce y salado: éste es el secreto de este plato, que combina sabiamente el sabor de la hortaliza más dulce, la zanahoria, con el intenso aroma marino del bacalao. Para lograr un correcto equilibrio, sólo hay que tratar adecuadamente el punto de sal del mismo.

1   Pela y pica muy pequeña la media cebolla y sofríela a fuego lento en una cazuela con una cucharada de aceite hasta que esté transparente. Lava y corta la zanahoria a rodajas de medio centímetro, agrégala a la sartén y rehógala durante 5 minutos. Sazona la mezcla, pero no mucho, ya que conviene conservar el dulzor de la zanahoria y el guisante.

2   Cubre con el caldo (si no dispones de él, puedes usar agua) y deja cocer a fuego suave durante 15 ó 20 minutos. A los diez minutos, agrega los guisantes congelados y las 2 cucharadas de salsa de tomate.

3   Mientras, corta el bacalao en dados de unos 2-3 cm de ancho y rebózalos con la harina. Fríelos en una sartén con abundante aceite bien caliente, para que quede crujiente por fuera y tierno por dentro. Coloca los dados sobre papel absorbente, pero sólo unos segundos, para que no se reblandezca el rebozado.

4   Escurre la zanahoria y colócala en una fuente. Riégala con un poco de aceite de oliva crudo y adórnala con los trozos de bacalao y los dos huevos duros picados muy finos.

Toda la gracia de esta receta radica en el contraste entre el sabor dulce de las zanahorias y los guisantes y el salado del bacalao, por lo que hay que tener mucho cuidado al sazonar la verdura.

Ten en cuenta que el bacalao desalado siempre entraña un cierto riesgo: puede resultar demasiado salado o totalmente soso. Si no te fías del establecimiento donde lo has comprado, es muy conveniente probar un pellizco antes de cocinarlo.

PROPIEDADES POR RACIÓN:

| Proteínas: 35 g | H. Carbono: 24 g | Grasas: 16 g | Colesterol: 194 mg | Calorías: 380 kcal |

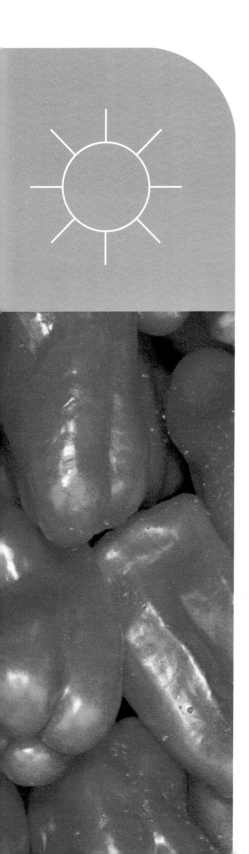

verano

En verano, el sol madura lentamente algunos de los frutos más característicos de la cocina del Mediterráneo: los tomates, los pimientos, las lechugas, las judías verdes y los pepinos, protagonistas de multitud de recetas fáciles y saludables.

| 6 | 10 min. | 60 min. | | | | •• | horno | • |

Escalibada

4 pimientos rojos grandes
4 berenjenas alargadas
1 manojo de cebollas tiernas
2 dientes de ajo
aceite de oliva virgen
vinagre
sal

Aunque la costumbre de asar las verduras sobre el fuego o las brasas –especialmente los pimientos y la berenjenas– está extendida por todo el Mediterráneo, la escalibada más clásica procede del Levante español, sobre todo de Cataluña. La presente receta es la versión más cómoda y moderna, al horno.

1   Lava bien todas las verduras, pela las cebollas y envuelve las piezas una por una en papel de aluminio, después de untarlas con aceite de oliva. Colócalas en la parrilla, en el centro del horno. Gradúa a 200 ºC.

2   Según el grosor de los pimientos, tardarán entre 60 y 90 minutos en estar totalmente asados. Si enciendes el gratinador, no hace falta que des la vuelta a los paquetes.

3   Saca las piezas del horno y déjalas enfriar. Cuando estén frías, comienza por los pimientos. Prepara una fuente honda y abre los paquetes con mucho cuidado, para que no se pierda el jugo que habrán soltado. Procura verterlo en la fuente.

4   Pela los pimientos con cuidado, y si quedan restos de piel, no pases nunca el pimiento bajo el agua, porque pierden su sabor. Lávate los dedos y sigue sacando los restos de piel.

5   Pela del mismo modo las berenjenas y añádelas a la fuente con los pimientos. Cuando hayas acabado, con los dedos, rompe los pimientos y las berenjenas en tiras irregulares, corta las cebollas en gajos, rocía con el aceite y la sal, y mézclalo todo bien. Déjalo reposar y enfriar del todo, durante un par de horas.

6   Puedes presentar la escalibada en la misma fuente o ir colocando las verduras por separado en una bandeja plana, adornándolas con algunas anchoas en aceite y aceitunas negras, un chorrito de vinagre y los ajos picados finos.

La receta tradicional, un poco más entretenida pero más sabrosa, consiste en asar los pimientos y las berenjenas directamente sobre las brasas (en la parrilla de una barbacoa), o sobre la llama del gas. Una vez asados, se dejan enfriar envueltos en papel de aluminio.

Al comprar los pimientos, comprueba cuidadosamente que no estén rotos ni presenten el más mínimo orificio, pues con la cocción perderían todo su jugo y quedarían menos sabrosos. Deben ser de piel gruesa y resistente.

La escalibada también se puede presentar colocando las verduras sobre una rebanada de pan rústico.

PROPIEDADES POR RACIÓN:

| Proteínas: 4 g | H. Carbono: 16 g | Grasas: 8 g | Colesterol: 0 mg | Calorías: 152 kcal |

4-6 | 30 min. | 30 min. | ● | horno | ●

Coca de verduras

250 g de pimientos verdes

500 g de cebollas

250 g de tomates medianos
maduros

2 dientes de ajo

sal

500 g de harina

1 cucharada sopera de levadura

6 cucharadas de aceite de oliva

1 vaso pequeño de agua

2 huevos

sal

Hortalizas y pan. Una combinación absolutamente mediterránea que se ha hecho famosa en el mundo entero con el nombre de pizza. La presente receta es una de las más tradicionales y es conocida en las islas Baleares con el nombre de *coca de trempó*.

1   Lava los tomates y los pimientos. Retira el tallo y las semillas de los pimientos y córtalos a tiras o en pequeños trozos. Trocea el tomate. Pela las cebollas y córtalas.

2   Coloca todas las verduras en una ensaladera o fuente y alíñalas con aceite y sal.

3   En una fuente, bate los huevos con un tenedor y mézclalos con 4 cucharadas de aceite, el vasito agua y una pizca de sal. Añade poco a poco la harina mezclada con la levadura, y trabaja esta masa primero con el tenedor y después con las manos hasta que quede bien homogénea, sin grumos. Después, déjala reposar.

4   Enciende el horno a 150 ºC. Mientras se calienta, unta con aceite una placa de horno, coloca encima la masa y estírala con los dedos de modo que quede bien fina y ocupe toda la placa. Pellizca los bordes, levantándolos un poco, para que las verduras no se derramen.

5   Reparte la mezcla de verduras sobre la masa y riégala con el aliño sobrante que habrá quedado en el fondo de la ensaladera. Cuece en el horno, a 150 ºC, durante media hora. Puede servirse templada o fría.

Si quieres ahorrarte el trabajo de preparar la masa, puedes comprar base para pizza ya preparada. No es lo mismo, pero se le parece mucho y el sabor de las verduras no perderá ni un ápice de su intensidad.

La coca tradicional se prepara con tomate, pimiento y cebolla, pero si le añades una berenjena y un calabacín ganará en sabor y suavidad.

Champiñones, aceitunas y anchoas son otros candidatos para enriquecer la coca, pero debes tener en cuenta que habrá que añadirlos entre 5 y 10 minutos antes del final, pues de lo contrario quedarían resecos.

PROPIEDADES POR RACIÓN:

Proteínas: 16 g   H. Carbono: 82 g   Grasas: 24 g   Colesterol: 80 mg   Calorías: 608 kcal

4	25 min.	30 min.			•	horno	•

4 tomates grandes

100 g de mozzarella

2 dientes ajo

2 cucharadas de pan rallado

4 cucharadas de aceite

perejil

sal y pimienta

Cuando compres tomates para hacer al horno, procura que no estén demasiado maduros, ya que el paso previo por la sartén los puede deshacer en exceso, dificultando su manipulación.

La piel debe ser firme y tersa, sin manchas ni rasguños, para evitar pérdidas de agua durante la cocción.

Lava muy bien los tomates antes de cocinarlos, aunque no parezcan estar sucios, ya que la piel puede haber estado expuesta a la acción de plaguicidas muy potentes, sobre todo si los compras de invernadero, en otra temporada que no sea el verano.

Tomates al horno con mozzarella

El tomate crudo es uno de los alimentos más populares de la dieta mediterránea, y la base de algunas de las salsas básicas de su cocina. Preparado al horno, en esta receta de gran sencillez, conserva todo su sabor y valor nutritivo.

1   Lava los tomates, elimina el tallo con los dedos, sin romper el tomate, y córtalos por la mitad. Sazona ligeramente la superficie cortada.

2   Calienta aceite en una sartén y coloca en ella los tomates con la parte del corte hacia abajo. Cuece a fuego suave durante unos minutos, hasta que la piel comience a levantarse, y entonces les das la vuelta.

3   Mientras, pica los ajos muy finos y mézclalos con el pan rallado. Cuando los tomates estén hechos, al cabo de unos 10-15 minutos (depende de lo maduros que estén), retíralos de la sartén y colócalos en una fuente para el horno, untada con un poco de aceite de oliva. Precalienta el horno a 180 ºC.

4   En la sartén donde has cocido los tomates, dora la mezcla de pan y ajo, a fuego muy suave para que no se queme. Déjala escurrir en un colador fino y espolvorea con ella la superficie cortada de los tomates. Encima, espolvorea el perejil picado finísimo.

5   Coloca al lado de cada tomate una loncha de mozzarella e introduce la fuente en el horno durante 10 minutos, hasta que el queso se funda y el pan rallado se dore.

PROPIEDADES POR RACIÓN:

Proteínas: 7 g	H. Carbono: 17 g	Grasas: 15 g	Colesterol: 3 mg	Calorías: 231 kcal

6   20 min.   30 min.   ●   horno   ●

200 g de coliflor

200 g de judías verdes

1 berenjena mediana

1 calabacín

2 zanahorias

1 manzana verde

2 cucharadas de mermelada de naranja amarga

2 vasos de caldo de verduras

1 vasito de vino dulce

1 cucharada de mantequilla

aceite de oliva

La cocción al horno, mucho más uniforme y constante que con la llama, y con una pérdida de líquidos mucho menor, es un método excelente para experimentar con las verduras poco cocidas, que conservan muchísimo mejor su sabor y su textura.

Para mantener el equilibrio entre dulce y salado, y evitar que predomine lo dulce, es importante que el vino quede bien reducido y probar las verduras después de salpimentar.

Verduras al horno con fruta

Las verduras al horno son un buen recurso cuando se quiere invertir poco tiempo en la cocina, y con un poco de imaginación constituyen una base excelente para experimentar con mezclas de sabores y texturas poco habituales.

1   Lava las verduras, pela las zanahorias, y córtalas todas a trozos pequeños. La coliflor, desgájala en pequeños ramitos. Corta la manzana en cuatro, sin pelarla, quítale el rabo y el corazón, y prepárala en gajos de un centímetro.

2   Coloca en una cazuela la mermelada de naranja y mézclala con dos cucharadas de aceite. Calienta a fuego suave y añade el vino. Remueve hasta que se reduzca.

3   Echa todas las verduras en la cazuela, sazónalas con la sal y la pimienta y saltéalas durante 5 minutos a fuego suave, removiendo con cuidado.

4   Precalienta el horno a 180 ºC. Unta con la mantequilla una fuente para hornear y dispón por encima el contenido de la cazuela. Añade el caldo y remueve un poco para que las verduras queden bien impregnadas.

5   Tapa la fuente con papel de aluminio y métela en el horno durante 20 minutos. Las verduras estarán al dente, pero si las prefieres más cocidas, puedes alargar la cocción hasta 30 minutos. Una vez listo el plato, rocía la fuente con el jugo que ha quedado en la cazuela.

PROPIEDADES POR RACIÓN:

Proteínas: 2 g   H. Carbono: 19 g   Grasas: 9 g   Colesterol: 10 mg   Calorías: 165 kcal

4	20 min.	35 min.		●	horno	●

2 berenjenas medianas

2 tomates maduros

1 cebolla mediana

4 anchoas en aceite o en salazón

1 manojito de menta fresca

1 diente de ajo

**2 cucharadas soperas de pan
rallado**

aceite de oliva

perejil

sal

Siempre que hagas un sofrito como salsa para combinar con otros ingredientes, antes de utilizarlo inclina la sartén y elimina la mayor cantidad posible del aceite con una cuchara.

Si no te fías del punto de salazón de las anchoas, diluye dos cucharadas de vinagre de vino en una taza de agua y déjalas desalarse durante una media hora o más. Este truco es especialmente útil si las anchoas son de conserva en salazón.

Berenjenas y tomates al horno con anchoas

Las berenjenas, un regalo de la primavera, son por su forma y la firmeza de su carne las hortalizas que mejor se prestan a preparar recetas con rellenos, sean de otras verduras, de carne o pescado, o de combinaciones diversas.

1   Pon a hervir una olla o una cazuela con abundante agua y un poco de sal.

2   Lava las berenjenas y córtalas a lo largo en dos porciones. Cuando el agua hierva, métela en la olla y déjalas hervir a fuego medio durante 10 minutos. Después, déjalas escurrir y enfriar.

3   Divide también los tomates a lo ancho y vacíalos quitándoles las semillas. Sazona un poco.

4   Mientras se enfrían las berenjenas, corta la cebolla fina y sofríela durante 5 minutos en una sartén con una cucharada de aceite, hasta que empiece a transparentar. No hay que sazonarla, porque después habrá que añadir las anchoas.

5   Cuando las berenjenas estén tibias y manejables, vacía el centro con una cuchara, dejando una capa exterior de un centímetro aproximadamente. Usando un tenedor, haz una pasta con esta pulpa, el resto de la del tomate y las anchoas, y agrégale la menta picada finísima. Añade la mezcla al sofrito y remuévelo para que quede bien ligado.

6   Coloca las medias berenjenas y los tomates en una fuente para horno y rellénalos con la pasta. Pica bien finos el ajo y el perejil, mézclalos con el pan rallado y espolvorea por encima de las berenjenas y los tomates.

7   Aliña el conjunto con el aceite y pon en el horno a gratinar durante 10-15 minutos hasta que veas que se ha dorado ligeramente. Puedes adornar las verduras con una o dos anchoas.

PROPIEDADES POR RACIÓN:

Proteínas: 6 g	H. Carbono: 19 g	Grasas: 12 g	Colesterol: 6 mg	Calorías: 208 kcal

4 flores de calabacín grandes

1 tomate pequeño maduro

4 filetes de anchoa en salazón
  o en aceite

50 g mozzarella

aceite de oliva

1 vaso de leche descremada

1 cucharadita de levadura

harina

sal

Flores de calabacín rellenas

El delicado aroma de las flores de calabacín se combina en esta receta con el recio sabor de las anchoas y la untuosidad de la mozzarella fundida. Es imprescindible que las flores sean muy frescas, pero no resulta difícil encontrarlas en los comercios de categoría y los grandes mercados.

1   Lava las flores con mucho cuidado y déjalas escurrir (o sécalas con un trapo). Sumerge el tomate en agua hirviendo durante medio minuto, déjalo enfriar, pélalo y córtalo en trozos pequeños.

2   Prepara la pasta para el rebozado con la leche, la harina, la levadura y una pizca de sal. Mézclala bien hasta que quede homogénea.

3   Abre con cuidado las flores e introduce en su interior un bastoncito de mozzarella, un filete de anchoa y unos trocitos de tomate. Cierra las puntas de la flor con los dedos.

4   Reboza las flores con la pasta y fríelas en una sartén con el aceite bastante caliente. Escúrrelas con cuidado, entre dos tenedores. Si usas papel absorbente, hazlas girar por encima, sin dejarlas reposar, porque tienden a reblandecerse. Se sirven enseguida, sin dejarlas enfriar demasiado.

Esta receta también se puede hacer al horno, sin rebozar y con un chorro de aceite de oliva. Según el tamaño, tardarán entre 10 y 15 minutos con el horno a 180 ºC.

Las flores se pueden rellenar también con una mezcla de carne picada, salpimentada y sofrita durante 5-10 minutos junto con una cebolla muy fina, y mezclada después con un poco de bechamel.

Fríe las flores una por una, con el aceite bien caliente (pero no humeante) y girándolas tan pronto como estén doradas con la ayuda de dos tenedores y con mucha delicadeza.

PROPIEDADES POR RACIÓN:

Proteínas: 7 g	H. Carbono: 10 g	Grasas: 5 g	Colesterol: 12 mg	Calorías: 113 kcal

4	20 min.	35 min.		●●	sartén	●		

4 endibias

3 tomates maduros de buena calidad

1 cebolla mediana

1 taza de caldo de pollo o de verduras

50 g de panceta (optativa)

2 cucharadas soperas de aceite de oliva

1 vasito de vino blanco seco

pimienta recién molida

sal

Si no dispones de caldo hecho en casa, puedes usar una pastilla disuelta en agua caliente o, mejor aún, un caldo de pollo y verduras en tetrabrik.

Si quieres añadir una variedad más de sabor a este plato puedes rematarlo adornando el centro con unos champiñones cortados muy finos y salteados rápidamente en la sartén con un poco de ajo picado.

Endibias guisadas al vino blanco

Aunque durante mucho tiempo las endibias han tenido fama de ser una hortaliza amarga, como su pariente rizada la escarola, el hecho de cocinarla –guisada, braseada con coñac y naranja, al horno...–, elimina por completo el amargor de sus hojas crudas.

1   Lava las endibias, córtales la base del tallo y elimina las hojas exteriores.

2   En una olla con agua abundante y sal, déjalas hervir durante 5 minutos. Colócalas en el escurridor y, cuando estén frías, exprímelas con las dos manos, con mucho cuidado, para que suelten el agua del interior.

3   En una sartén con el aceite, a fuego medio, sofríe la cebolla (y la panceta, si has decidido utilizarla) durante 5 minutos, removiendo para que la cebolla no se queme. Al final, añade el vino y déjalo reducir durante un minuto.

4   Agrega las endibias y saltéalas durante unos 5 minutos aproximadadente hasta que queden ligeramente doradas. A continuación, añade el caldo de pollo y los tomates cortados en dados muy pequeños.

5   Salpimenta, tapa la sartén, baja el fuego y deja cocer durante 15-20 minutos, según el tamaño de las endibias. Después, sin la tapadera, y a fuego medio, deja evaporar el líquido restante hasta que sólo quede un resto de salsa espesa.

6   Si quieres adornar el plato, deshoja las endibias con mucho cuidado, con un tenedor, forma una corona con las hojas y coloca el resto de los ingredientes en el centro.

PROPIEDADES POR RACIÓN:

Proteínas: 4 g	H. Carbono: 6 g	Grasas: 10 g	Colesterol: 9 mg	Calorías: 130 kcal

4	20 min.	15 min.		●●	sartén	●

1 manojo de espárragos verdes

200 g de acelgas

100 g de judías verdes

100 g de brócoli

2 patatas medianas

1 berenjena mediana

1 zanahoria

1 tomate

1 cebolla

1 ajo

4 huevos

aceite

sal

Tortilla de verduras

El mundo de las tortillas es casi infinito, pues pocas verduras y legumbres existen que se resistan a combinarse bien con los huevos. En esta receta, una tradicional tortilla de patatas se ha enriquecido hasta límites insospechados.

1   Lava bien todas las verduras y corta en láminas finas los ramitos de brócoli, las patatas peladas, la berenjena, la zanahoria y la cebolla, y en trozos pequeños las acelgas, las judías verdes, los espárragos y el tomate.

2   Colócalas todas, excepto el tomate, en la canastilla de la olla para cocer al vapor, con 2 o 3 cm de agua. Déjalas cocer entre 5 y 10 minutos, hasta que queden al dente. El tiempo depende del grosor de los trozos.

3   Prepara una sartén con unas gotas de aceite y sofríe ligeramente las verduras durante un par de minutos, junto con el tomate. Sazónalas.

4   Bate bien los huevos en un cuenco grande y agrega las verduras. Mézclalo todo muy bien, pero con cuidado para que las verduras no se deshagan.

5   Prepara otra sartén grande, antiadherente, y caliéntala con unas gotas de aceite. Justo antes de que empiece a humear, vierte en ella la mezcla de verduras y huevo. Mueve la sartén para que no se pegue la tortilla. Baja el fuego y deja cocer durante 3 minutos.

6   Da la vuelta a la tortilla con la tapa de una cacerola un poco más pequeña que la circunferencia de la sartén y deja cocer durante 3 minutos más.

La selección de verduras de esta receta es una entre muchas posibles: calabacines, guisantes y pimientos, por ejemplo, pueden ser unos buenos compañeros.

Las verduras se pueden cocer también en una sartén con mucho aceite. De este modo pierden el amargor las que lo puedan tener (espárragos, acelgas), pero existe la desventaja de que después hay que escurrirlo todo muy bien.

Si quieres suavizar el sabor general y la textura de esta tortilla puedes añadir a los huevos, en el momento de batirlos, medio vasito de leche descremada.

PROPIEDADES POR RACIÓN:

Proteínas: 13 g	H. Carbono: 24 g	Grasas: 11 g	Colesterol: 150 mg	Calorías: 247 kcal

200 g de coliflor o brócoli

200 g de guisantes

200 g de judías verdes

200 g de zanahorias tiernas

1 cucharadita de mostaza

1/2 limón

2 yogures normales o griegos

2 ramitos de menta fresca

2 cucharadas de aceite de oliva

sal y pimienta

Verduras al vapor con salsa de yogur

La milenaria técnica de la cocina al vapor proviene de Oriente y es uno de los sistemas culinarios más saludables, ya que elimina todo tipo de grasas y aceites. Además, en el caso de las verduras, conservan todo su sabor y sus propiedades nutritivas.

1   Prepara una olla con agua y sal, y ponla a hervir. Mientras, lava y desgaja la coliflor en ramitos, pela las zanahorias y quita las puntas de las judías verdes.

2   Coloca las verduras en la canastilla de cocción al vapor, con los guisantes encima de todas las demás. Cuando el agua hierva, mete la canastilla en la olla y tápala bien.

3   Deja cocer las verduras al vapor durante 15-20 minutos hasta que se puedan pinchar y atravesar con la punta de un cuchillo. No es conveniente que queden demasiado cocidas.

4   Mientras las verduras se van cociendo, prepara en cuenco hondo la salsa con los yogures, el aceite de oliva, el zumo del limón y la mostaza. Bate bien con un tenedor para que quede bien amalgamada. Por último, añade la sal, la pimienta y la menta picada muy fina.

5   Cuando las verduras estén en su punto, sácalas con cuidado, colócalas en una bandeja bien repartidas y aliñalas con la salsa.

Puedes añadir al agua de la cocción un ramito de hierbas aromáticas que perfumarán delicadamente las verduras.

Es muy importante que las verduras no entren en coctacto con el agua, pues perderán parte del sabor que distingue a los alimentos cocinados con esta técnica.

Las únicas verduras que no resultan aptas para la cocción al vapor son las de hoja verde, como las acelgas y las espinacas, que pierden parte de su sabor y su color.

PROPIEDADES POR RACIÓN:

Proteínas: 9,5 g   H. Carbono: 15 g   Grasas: 9 g   Colesterol: 7 mg   Calorías: 179 kcal

Tumbet de berenjenas, patatas y pimientos

2 berenjenas medianas

2 pimientos verdes

2 patatas medianas

6 tomates medianos maduros

4 dientes de ajo

aceite de oliva

sal

Esta receta, una de las más tradicionales de la cocina mediterránea, es conocida en las Baleares como *tumbet* y, pese a su evidente sencillez, se convierte al final en un plato apetitoso y muy nutritivo.

1 Lava los pimientos y las berenjenas. Corta las berenjenas en rodajas y colócalas en un escurridor, espolvorélas con sal y déjalas reposar durante una hora para que suelten al agua.

2 Trocea los pimientos en pequeños cuadrados después de quitarles las semillas y el tallo. Pela las patatas y córtalas en rodajas de un centímetro de grosor. Pela los tomates y los ajos y pícalos muy finos, pero no los mezcles.

3 Después de secar las berenjenas con papel absorbente, calienta 4 cucharadas de aceite y fríe las patatas a fuego vivo, para que queden crujientes por fuera. Déjalas escurrir y colócalas en los platos. Sazónalas ligeramente. En la misma sartén, fríe las rodajas de berenjena, escúrrelas bien y colócalas sobre las patatas, formando una montañita.

4 A continuación, fríe los pimientos, esta vez a fuego lento para que la piel no se chamusque. Escúrrelos también y colócalos sobre la capa de berenjena.

5 Elimina casi todo el aceite de la sartén y sofríe ligeramente los ajos picados a fuego lento. Añade el tomate, sofríe la mezcla a fuego vivo durante 5 minutos removiendo a menudo, hasta que el aceite comience a separarse. Sazona la salsa. Pásala por un colador para eliminar todo el aceite y remata con ella las montañitas de verduras. Se sirve tibio.

Éste es un plato que se toma tibio o frío, pero si te apetece caliente puedes preparar las raciones en el fondo de una cazuela o una bandeja y calentarlas durante un par de minutos al fuego o en el horno precalentado.

El secreto de esta receta consiste en controlar muy bien la cantidad de aceite, la potencia de la llama y el escurrido posterior de las verduras fritas.

PROPIEDADES POR RACIÓN:

| Proteínas: 7 g | H. Carbono: 36 g | Grasas: 8,5 g | Colesterol: 0 mg | Calorías: 210,5 kcal |

| 4 | 30 min. | 50 min. | | | ❄ | | | ● | horno | ● |

4 calabacines medianos

1 cebolla mediana

1 diente de ajo

3 cucharadas de aceite de oliva

50 g de queso feta

30 g de nueces

50 g de pan rallado (una rebanada
de pan seco)

1 huevo

1 cucharada pequeña de eneldo

sal y pimienta

Cuando compres calabacines, elige siempre ejemplares compactos, no muy grandes, con la piel brillante y de color verde intenso, sin defectos ni manchas, y que resulten pesados en relación con su tamaño. Cuanto más pequeños sean los calabacines, menos pepitas tendrán.

Aunque el calabacín tiene un valor calórico muy escaso, si se fríe puede incluso duplicar este aporte calórico. Es de fácil digestión y ligeramente laxante, por lo que su consumo resulta muy adecuado para los estómagos delicados.

Calabacines rellenos con nueces y queso

Una receta tradicional de Grecia que se puede tomar como plato principal o como acompañamiento de carnes frías o pescados a la parrilla, aunque en este caso es conveniente reducir la ración a la mitad. Los vinos blancos secos son los compañeros ideales.

1 Hierve los calabacines durante 3 minutos en una cazuela. Escúrrelos, enjuágalos con un trapo o con papel de cocina y déjalos enfriar.

2 Cuando estén fríos, corta las dos puntas y una tira de piel longitudinal, casi de la misma amplitud que toda la pieza. Con una cuchara pequeña, vacía con cuidado el interior, dejando unas paredes de un centímetro más o menos, para que luego no se rompan al introducir el relleno.

3 En una sartén con 2 cucharadas de aceite, rehoga durante 5 minutos la cebolla y el ajo picados finos. Añade la pulpa que has extraído de los calabacines, mézclalo todo bien y deja rehogar durante 5 minutos más. Deja enfriar la mezcla en un escurridor, para que pierda el aceite.

4 Colócala en un plato y añade el queso y las nueces desmenuzados, el pan rallado (es mejor si lo rallas al momento), el huevo batido y la cucharada de eneldo.

5 Rellena el interior de los calabacines con esta mezcla y colócalos en una bandeja para el horno. Rocíalos con aceite. Tapa con papel de aluminio y mete la bandeja en el horno precalentado a 190 ºC durante 30 minutos. Retira el papel y dora los calabacines durante 10 minutos. Se sirven calientes.

PROPIEDADES POR RACIÓN:

| Proteínas: 10 g | H. Carbono: 16 g | Grasas: 17 g | Colesterol: 56 mg | Calorías: 257 kcal |

4	25 min.	50 min.			●●	sartén	●

3 patatas medianas

2 cebollas medianas

1 calabacín mediano

1 berenjena mediana

1 tomate maduro

200 g de bacalao en salazón

8 huevos

aceite de oliva

sal

El control de la temperatura del aceite es vital en esta receta, pues resulta imprescindible que las patatas no lo absorban. Si se fríen cuando el aceite aún no está caliente, dejarán pringosa toda la tortilla.

También hay que evitar el sobrecalentamiento (que se produce cuando el aceite comienza a humear), ya que produce sustancias irritantes y potencialmente tóxicas. Y además requemará las patatas.

No utilices aceites usados varias veces con anterioridad. El aceite no debería utilizarse más dos o tres veces para freír, especialmente si ha humeado o si su color natural se ha oscurecido.

Tortilla de pisto, patatas y bacalao

En esta receta la tradicional alianza de las verduras y los huevos se ha enriquecido con el bacalao en salazón, un producto procedente de los mares del Norte pero integrado en la dieta de los habitantes de los países mediterráneos desde hace siglos.

1 Coloca el bacalao en un plato hondo con agua, para acabar de desalarlo.

2 Pica la cebolla muy fina y ponla en una una sartén a fuego suave con 2 cucharadas de aceite. Déjala rehogar lentamente durante unos 10 minutos hasta que quede blanda y transparente. Agrega los pimientos verdes, previamente limpiados de pepitas, cortados en anillas o tiras finas.

3 Remueve de vez en cuando y, al cabo de 5 minutos, añade el tomate pelado y cortado en trozos pequeños. Deja transcurrir otros 5 minutos.

4 Mientras, lava y corta también en pequeños dados el calabacín y la berenjena. Puedes pelarlos si te parecen poco tiernos o te molesta la piel de la berenjena. Si son muy tiernos no hace falta. Agrega los trozos a la sartén, sazona y deja cocer, siempre con la sartén tapada, durante 10 minutos.

5 Desmigaja el bacalao en hebras finas y prueba una punta para comprobar que esté en su punto de sal. Échalo en la sartén, remueve con cuidado durante 2 minutos y apaga el fuego. Pon a escurrir todo el contenido de la sartén.

6 Pela las patatas, córtalas en láminas bastante finas (3-5 mm) y sazónalas. Fríelas en una sartén con bastante aceite y a fuego vivo hasta que estén crujientes.

7 Bate los huevos en un cuenco hondo y agrega el pisto escurrido. Prepara una sartén limpia con una cucharada de aceite y ponla a fuego medio. Cuando el aceite esté bastante caliente, vierte el contenido del cuenco. Cuando comience a cuajar, da la vuelta a la tortilla, baja el fuego y espera unos minutos. Levanta la tortilla por un costado con un tenedor y si ya se ha dorado, ya está lista.

PROPIEDADES POR RACIÓN:

Proteínas: 35 g	H. Carbono: 32,5 g	Grasas: 27 g	Colesterol: 423 mg	Calorías: 513 kcal

6	30 min.	40 min.		●	cazuela	●

Calabacines rellenos de arroz y verduras

6 calabacines medianos

2 cebollas

1 pimiento rojo

1 berenjena mediana

6 tomates maduros

300 g de arroz

300 g de garbanzos cocidos

2 limones

3 ramitas de perejil

6 cucharadas de aceite de oliva

sal y pimienta

Los calabacines son una de las hortalizas más refrescantes del verano, aunque actualmente se pueden comprar durante todo el año. Se pueden rellenar con todo tipo de verduras y carnes, por separado o mezcladas.

1 Lava los calabacines, corta el pedúnculo y raspa ligeramente la piel con un cuchillo, aunque si son muy tiernos no hace falta hacerlo. Pártelos por la mitad a lo largo.

2 Vacía el interior con una cucharita o un vaciador, pero sin exagerar, dejando la suficiente pulpa como para que no se rompan al manipularlos.

3 En una fuente grande, mezcla los garbanzos con el arroz, las cebollas, el pimiento, 4 tomates y la berenjena cortados a trocitos pequeños, y el perejil picado fino. Salpimenta la mezcla y rocíala con 4 cucharadas de aceite. Mézclalo todo bien. Rellena los calabacines con esta mezcla, sin apretar demasiado, pues el arroz tiene que hincharse todavía.

4 Coloca los calabacines en una cazuela, en cuyo fondo has de colocar antes una mezcla hecha con el relleno sobrante, 2 cucharadas de aceite y el resto de tomate chafado con un tenedor. Cubre con agua y sazónala.

5 Deja cocer con la cazuela tapada y a fuego medio durante 10 minutos. Baja el fuego, destapa la cazuela y deja cocer 20 minutos más. Al final, si el jugo ha quedado demasiado líquido, se mantiene a fuego vivo durante 5 minutos.

Para que el relleno de los calabacines no se desparrame, antes de echar el agua cúbrelos con un plato o con la canastilla extensible de cocer al vapor.

Para eliminar la piel de los garbanzos, sumérgelos en agua salada hirviendo durante 2 minutos y después en una cazuela con agua fría. De este modo, removiéndolos suavemente, podrás separar las pieles y eliminarlas.

Si quieres aumentar el aporte de proteínas, añade a la mezcla del relleno 300 g de carne de ternera o de cordero desgrasada y picada.

PROPIEDADES POR RACIÓN:

Proteínas: 17 g	H. Carbono: 67 g	Grasas: 13 g	Colesterol: 0 mg	Calorías: 453 kcal

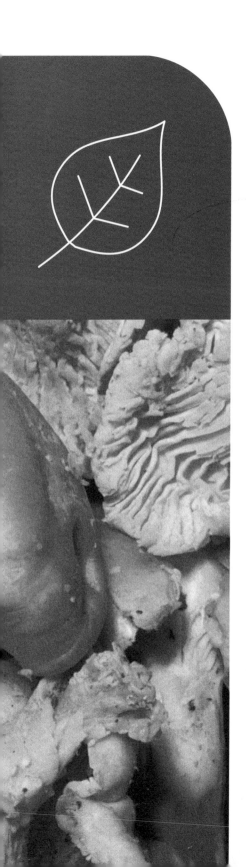

otoño

Las legumbres, las setas y las verduras otoñales como la coliflor o las espinacas son la base de una cocina de temporada que aporta, además de sabores contundentes y característicos, los nutrientes más beneficiosos para una dieta sana.

| 4 | 15 min. | 40 min. | 60 min. | ● | cazuela | ● |

400 g de alubias blancas de bote

400 g de tomate triturado en lata

2 ramas de apio blancas, del centro

1 cebolla grande

2 zanahorias

1 ramita de orégano fresco o
  1 cucharadita de orégano seco

2 dientes de ajo

2 ramitas de perejil

4 cucharadas soperas de aceite
  de oliva

azúcar

sal y pimienta

Para refrescar este plato y aligerar la contundencia de las alubias, en Grecia lo sirven acompañado de aceitunas negras y unos gajos de limón.

Aunque puede tomarse como entrante, este plato es un buen recurso para acompañar pescados azules a la plancha, pues la combinación de estos peces con las alubias suele resultar interesante.

Si controlas la cocción para que el plato quede con muy poco caldo, podrás enfriarlo en la nevera y convertirlo en una refrescante ensalada veraniega.

Alubias guisadas a la griega

Una receta clásica de la cocina de Grecia, pero que podría ser oriunda de cualquier parte del norte del Mediterráneo. Presenta la doble virtud de servir tanto en invierno como en verano, templada o fría.

1 Calienta el aceite en una cazuela y rehoga a fuego bajo durante 5 minutos la cebolla cortada en trozos más bien pequeños y el ajo picado fino. Agrega la zanahoria y el apio cortados en pequeñas rodajas y sigue rehogando durante 10 minutos más, hasta que todo quede bien dorado.

2 Agrega a la cazuela el tomate, el perejil y el orégano picados finos, y también el azúcar. Añade agua hasta cubrir, pero no en exceso. Deja hervir durante unos 10 minutos, hasta que las verduras estén casi cocidas.

3 Añade las alubias –bien escurridas–, y un poco más de agua –siempre sin cubrir del todo–, y 5 minutos después pruébalas y rectifica con un poco de sal si consideras que es necesario, pues aunque las de bote ya están saladas, el azúcar y el apio pueden desequilibrar su punto. Añade la pimienta.

4 Cuando la salsa se haya espesado, deja enfriar un poco antes de llevar la cazuela a la mesa.

PROPIEDADES POR RACIÓN:

| Proteínas: 9 g | H. Carbono: 29,5 g | Grasas: 11 g | Colesterol: 0 g | Calorías: 253 kcal |

200 g de champiñones

200 g de colas de gamba
  congeladas

4 tomates grandes

2 cebollas

1 puerro

4 cucharadas de nata líquida

4 cucharadas de salsa de tomate

4 cucharadas de aceite de oliva

sal y pimienta

Los tomates no deben estar demasiado maduros, ya que resultará más complicado manipularlos y al asarlos en el horno pueden deformarse en exceso.

Si tienes tiempo, prepara tu propia salsa de tomate, ya que las salsas enlatadas suelen contener muchos aceites (si se trata de tomate frito) y también conservantes y potenciadores del sabor como el glutamato monosódico (E-621). Si compras tomate de lata, fíjate bien en la etiqueta.

Tomates rellenos de setas y gambas

El tomate crudo es el rey de las ensaladas y de muchas salsas casi imprescindibles en la cocina mediterránea, como el sofrito, pero no hay que olvidar que asado al horno ofrece variaciones gastronómicas muy interesantes, relleno de verduras, carnes e incluso pescados.

1   Lava bien los tomates, haz en la parte superior una incisión circular, como una ventana, y vacíalos dejando una capa exterior de un centímetro como mínimo. Sazónalos y métainos en el horno precalentado a 180 ºC durante 5 minutos, con un poco de aceite. Sácalos y déjalos enfriar en la misma bandeja.

2   Mientras, lava las setas, y córtalas en láminas finas, al igual que los puerros y las cebollas. Pon a calentar una sartén con aceite, rehoga durante 3 minutos la cebolla y el puerro, y añade los champiñones. Al cabo de 5 minutos agrega la salsa de tomate y las gambas cortadas en trozos pequeños, y salpimenta.

3   Deja cocer a fuego medio 5 minutos más, añade la nata líquida y remueve con la espátula durante un par de minutos.

4   Rellena los tomates con esta mezcla e introduce la bandeja en el horno a 180 ºC durante 10 minutos. Se sirve caliente.

PROPIEDADES POR RACIÓN:

Proteínas: 9 g	H. Carbono: 10 g	Grasas: 19 g	Colesterol: 56 g	Calorías: 245 kcal

| 6 | 25 min. | 40 min. | | • | horno | • |

750 g de níscalos frescos

50 g de guisantes

50 g de judías tiernas

12 cebollitas pequeñas

1 calabacín mediano

1 berenjena mediana

3 alcachofas pequeñas

2 tomates maduros

1 pimiento rojo

1 manojo de espárragos verdes

200 g de coliflor

3 dientes de ajo

1 vaso de vino blanco seco

perejil

aceite de oliva

sal y pimienta

Las mejores setas para esta preparación son los níscalos de temporada bien frescos.
Es importante que no estén resecos (si lo están, no pesarán casi nada al sopesarlos con la mano) y que tengan mucha agua, para que pueden soltar y absorber de nuevo su propio jugo.

Esta receta también puede prepararse con champiñones frescos, que se encuentran todo el año, o con un revoltillo de setas frescas de algunas de las diferentes variedades que aparecen en otoño en los mercados.

Setas de temporada con verduras al horno

Ésta es sin duda la receta que mejor partido saca de la combinación de las verduras y las setas. La cocción lenta y sin pérdidas de jugos que proporciona el horno hace que los aromas de todos los ingredientes se conserven y se mezclen para lograr un resultado final muy interesante.

1 Corta el calabacín, la berenjena, el pimiento, las puntas de los espárragos y las judías verdes en trozos pequeños. Haz lo mismo con el tomate, después de pelarlo. Separa los brotes de coliflor, en trozos de unos 3 cm como máximo. Parte las alcachofas a lo largo en 6 trozos, después de eliminar el tallo y las hojas exteriores.

2 En una sartén a fuego vivo, con un poco de aceite, saltea primero los espárragos, las alcachofas, las cebollitas, la coliflor, el pimiento y las judías verdes. Al cabo de 3 minutos, añade medio vaso de vino y deja reducir. Agrega el calabacín, la berenjena y el tomate. Salpimenta y sofríe un poco más, sin que las verduras se reblandezcan demasiado. Sácalas y déjalas escurrir bien.

3 Calienta el horno a 180 ºC. Corta los tallos de los níscalos y deséchalos. Limpia los sombreros cuidadosamente con un trapo (hay quien dice que limpiar las setas bajo el agua las priva de su aroma). Pica dos ajos y un poco de perejil. Pon las setas en una fuente de horno con las estrías hacia arriba, rocíalas con el resto del vino y el aceite, y espolvorea el picadillo. Mete la bandeja en el horno durante 10-15 minutos hasta que suelten todo su jugo (el tiempo depende del tamaño y del frescor de las setas).

4 Saca la bandeja y distribuye las verduras entre las setas. Vuelve a meterla en el horno para que el jugo de las setas y el agua que soltarán las verduras se mezclen bien. Cuando veas que el jugo se ha evaporado ya puedes sacar la bandeja del horno (de 15 a 20 minutos, según el tamaño y frescor de las setas).

PROPIEDADES POR RACIÓN:

| Proteínas: 6 g | H. Carbono: 9,5 g | Grasas: 11,5 g | Colesterol: 0 g | Calorías: 165,5 kcal |

| 4 | 15 min. | 30 min. | | ● | horno | ● |

4 troncos grandes de apio

60 g de queso emmental

100 g de almendras tostadas enteras

4 dientes de ajo

3 cucharadas de aceite de oliva

pimienta negra molida

sal

Apio con queso y almendras

El apio, de sabor fuerte e intensamente perfumado, se suele consumir crudo, en ensaladas, y también se utiliza para aromatizar los caldos de verduras y de carnes. Esta receta constituye una original versión al horno de las ensaladas de apio.

1 Escoge los troncos de apio del centro, elimina las fibras largas y córtalos en trozos de 20 cm aproximadamente. Colócalos en fondo de una cazuela con 2 cucharadas de aceite y los ajos picados, y sofríelo todo a fuego suave durante 2 minutos, hasta que los ajos se reblandezcan.

2 En un cazo aparte, pon a hervir 2 vasos de agua con sal, y cuando hierva, cubre con ella los troncos de apio. Deja cocer durante 20 minutos. Comprueba que el apio esté cocido con la punta de un cuchillo, sácalo y déjalo escurrir,

3 Precalienta el horno a 200 ºC. Coloca los troncos de apio en una fuente de horno, rocíalos con una cucharada de aceite de oliva y 2-3 cucharadas del caldo de cocción. Espolvorea con la pimienta y añade el queso y las almendras (enteras o picadas sólo ligeramente en el mortero)

4 Deja en el horno unos minutos, hasta que el queso se gratine. Es un plato que se sirve tibio.

Esta receta se puede adornar con unos gajos finos de manzana verde colocados sobre el apio, antes de espolvorear el queso. En este caso, es mejor eliminar la pimienta.

Otra variante consiste en sustituir las almendras por nueces partidas en trocitos pequeños, y entonces la receta viene a ser una versión al horno de la popular ensalada de manzana, apio y nueces.

Los troncos de apio pueden congelarse previo blanqueado y, si se los va a utilizar sólo para caldos, entonces pueden congelarse crudos.

PROPIEDADES POR RACIÓN:

| Proteínas: 10 g | H. Carbono: 3,5 g | Grasas: 23 g | Colesterol: 16,5 g | Calorías: 261 kcal |

| 4 | 30 min. | 50 min. | | ●● | sartén horno | ● |

4 berenjenas medianas

500 g de tomate de lata natural

2 tomates maduros

1 cebolla mediana

150 g de mozzarella

80 g de parmesano

2 huevos

3 o 4 ramitas de albahaca fresca

4 cucharadas de aceite de oliva

aceite de oliva

harina

sal y pimienta

Para que las berenjenas no se empapen de aceite hay que freírlas con el aceite bien caliente (pero sin que humee), y con rapidez. Esto formará en la superficie una costra que impide la absorción de aceite.

También es importante que cuando frías las rodajas por primera vez estén totalmente secas, sin rastro de agua, ya que ésta favorece la descomposición del aceite y provoca salpicaduras.

Si quieres mejorar la presentación de esta receta, en vez de llenar la bandeja hasta los bordes, puedes formar con los ingredientes pequeñas montañitas y después sacarlas de la bandeja con una espátula de acero.

Berenjenas con parmesano

Un auténtico clásico de la cocina italiana, aunque se repite con variaciones a lo largo de todas las costas mediterráneas. Requiere un poco de paciencia y cuidado en la elaboración y la fritura de las berenjenas, pero el resultado final vale la pena.

1 Lava las berenjenas y córtalas en rodajas de un centímetro. Sazónalas y deja que suelten el agua durante media hora aproximadamente. Después, sécalas con un trapo limpio.

2 En una sartén con bastante aceite, fríelas a fuego vivo y con rapidez, distribuyendo las rodajas de manera que no se toquen y puedas manipularlas fácilmente. Déjalas escurrir bien sobre papel absorbente.

3 Cuando estén secas y crujientes, enharina las rodajas y rebózalas con el huevo batido, al que habrás echado un poco de sal y pimienta. Fríelas de nuevo como en el paso anterior y vuélvelas a escurrir.

4 En una sartén aparte con dos cucharadas de aceite sofríe la cebolla cortada en aros finos, y cuando empiece a estar transparente añade el tomate triturado y sin piel. Deja sofreír lentamente durante 10 minutos. A media cocción, añade la albahaca picada muy fina. Dejar cocer durante 10 minutos más.

5 Corta la mozarella en láminas y los tomates enteros en gajos finos. En una fuente de horno, coloca en el fondo una capa del sofrito de tomate y cebolla, y encima una capa de berenjenas, la mozzarella y el queso parmesano rallado. Repite la operación y remata con los gajos de tomate crudo y más parmesano.

6 Introduce la bandeja en el horno precalentado a 260 ºC durante 20 minutos, hasta que toda la superficie esté gratinada.

PROPIEDADES POR RACIÓN:

| Proteínas: 9 g | H. Carbono: 29,5 g | Grasas: 11 g | Colesterol: 0 g | Calorías: 253 kcal |

| 6 | 20 min. | 35 min. | | ● | horno | ● |

Tarta de cebolla

6 cebollas grandes
pasta de pizza preparada
4 cucharadas de aceite de oliva
4 huevos
1 bote pequeño de nata líquida
  ligera
200 g de emmental rallado
aceite de oliva
sal y pimienta

Además de condimento casi obligado en guisos y cazuelas, y acompañante de las ensaladas más frescas, la cebolla se puede convertir en la protagonista principal de diversas recetas, como por ejemplo las cebollas rellenas, la tortilla de cebolla o esta tarta al horno.

1   Precalienta el horno a 200 °C. Coloca la pasta en un molde. Pela las cebollas y córtalas en láminas.

2   Prepara una sartén con un par de cucharadas de aceite y sofríe la cebolla ligeramente durante 2-3 minutos, sin que se reblandezca demasiado.

3   Bate los huevos en un cuenco, añade la sal, la pimienta, la nata líquida y el queso (puedes usar emmental o parmesano). Si te decides por el parmesano, ten en cuenta que es un poco salado, por lo que habrás de reducir la cantidad de sal añadida.

4   Coloca la cebolla sobre el molde, repartiéndola de modo homogéneo, e introduce en el horno durante unos 20 minutos. Después, reduce la temperatura a 180 °C y deja cocer durante 10 minutos más. Se sirve caliente y se puede acompañar con una refrescante ensalada de lechuga o escarola con tomate.

Si quieres proporcionar a la tarta una presentación más original, 5 minutos antes de finalizar la cocción adórnala con unos filetes de anchoa cruzados en forma de rombos y coloca en el centro de cada rombo una aceituna negra.

Para evitar el escozor en los ojos al cortar las cebollas, introdúcelas sin pelar en el congelador durante 15 minutos o más, sin que lleguen a congelarse. Otra solución, aunque un poco más incómoda, consiste en manipularlas directamente bajo el grifo de agua fría.

PROPIEDADES POR RACIÓN:

| Proteínas: 17,5 g | H. Carbono: 57 g | Grasas: 29 g | Colesterol: 17 g | Calorías: 559 kcal |

| 4 | 20 min. | 25 min. | | ● | cazuela | ● |

Garbanzos y verduras con cuscús

200 g de cuscús precocido

300 g de garbanzos cocidos

1 cebolla mediana

1 puerro

3 zanahorias

2 calabacines

1 tomate maduro

1 pimiento rojo pequeño

50 g de pasas sin semillas

1 cucharadita de jengibre fresco

1 rama de canela

comino (opcional)

unas ramitas de cilantro

aceite de oliva

sal y pimienta

Ésta es la variante vegetal de uno de los platos más típicos de la cocina árabe, que se prepara habitualmente con cordero o pollo, las carnes más consumidas en el sur del Mediterráneo, aunque también se hace con ternera, con pescados y mariscos e incluso con frutas dulces.

1 Pica la cebolla y el puerro en trozos de un centímetro y rehógalos a fuego lento en una cazuela con un poco de aceite de oliva y el jengibre rallado. Al cabo de 5 minutos, cuando empiecen a transparentar, añade las zanahorias a rodajas finas. Tapa la cazuela y deja cocer, siempre a fuego suave, durante 10 minutos más.

2 Mientras, lava y corta los calabacines, también a rodajas finas, y pica el tomate y el pimiento en cuadraditos no muy grandes. Es mejor que antes lo escaldes en agua hirviendo y le quites la piel.

3 Añade a la cazuela los calabacines y el tomate, y salpimenta el conjunto. Después, agrega un poco de agua, que apenas cubra los ingredientes, y la ramita de canela. Tapa de nuevo y deja cocer lentamente otros 10 minutos.

4 Cuando falten 5 minutos de cocción, añade los garbanzos para que absorban el sabor de las verduras y las pasas para que se integren en el conjunto.

5 Mientras, hidrata y prepara el cuscús siguiendo las instrucciones del envoltorio y sírvelo acompañando a las verduras y espolvoreado con el cilantro picado.

Ojo con las especias, sobre todo con el jenjibre y el comino, que tienen un sabor muy característico y dominante que hace que a algunas personas no les guste. Para evitar riesgos, puedes prescindir de ellas o usarlas en cantidades mínimas.

El cuscús tradicional, que es una sémola de trigo duro trabajada en forma de granos finos, medios o gruesos, se cuece al vapor en un recipiente llamado cuscusera, de barro o acero inoxidable, y a veces se pasa por la sartén con pimentón y diversas especias, en ocasiones muy picantes.

PROPIEDADES POR RACIÓN:

Proteínas: 11 g   **H. Carbono: 57 g**   **Grasas: 8 g**   **Colesterol: 0 g**   **Calorías: 344 kcal**

4	30 min.	40 min.		●	cazuela	●

200 g de alubias blancas o pintas, cocidas

200 g de patatas

100 g de setas de temporada (níscalos o champiñones)

100 g de arroz

3 cebollas

3 dientes de ajo

caldo de verduras

1 cucharadita de pimentón dulce

aceite de oliva

sal

Este plato, típico de las regiones rurales del Levante español, se guisaba tradicionalmente en una olla de barro, pero en la actualidad cualquier cazuela de acero inoxidable o hierro colado puede ejercer a la perfección sus mismas funciones.

Si el guiso queda al final demasiado caldoso, antes de añadir el arroz machaca con un tenedor un par de trozos de patata, echa la pasta en la cazuela y remueve durante un minuto hasta que el líquido se espese.

Estofado de alubias con arroz, patatas y setas

A pesar de su aparente contundencia, esta receta, muy apropiada para los días otoñales, es muy nutritiva y resulta muy ligera desde un punto de vista dietético, pues no contiene prácticamente grasas y es muy poco calórica.

1   Pon a hervir el arroz en una olla con abundante agua salada, dos cucharadas de aceite, los dientes de ajo y una cebolla partida en cuatro trozos. Cuando esté al dente (al cabo de 10-15 minutos, según la variedad), escúrrelo. Reserva el caldo de la cocción, sin las cebolla ni los ajos.

2   Pela y pica las cebollas restantes en en trocitos muy pequeños. Limpia las setas con un trapo o con agua, y córtalas en trozos grandes si son níscalos o por la mitad si te has decantado por los champiñones.

3   Pela las patatas y córtalas en cuadrados no muy grandes. Fríelas rápidamente en una sartén con aceite y resérvalas en una escurridera.

4   En una cazuela con 2 cucharadas de aceite, sofríe ligeramente la cebolla hasta que empiece a tomar color. Añade entonces las setas y las patatas y deja cocer durante un par de minutos removiendo con cuidado para no deshacer las patatas.

5   Agrega el pimentón (dulce o picante, al gusto de los comensales) y un vaso de caldo de verduras (puede ser de tetrabrik). Déjalo cocer a fuego lento durante unos minutos.

6   Por último, disuelve una pastilla de caldo de carne en parte del caldo de cocción del arroz, calentándolo en un cazo. Agrega a la cazuela las alubias y el caldo del arroz, pero en poca cantidad, ya que el guiso no debe quedar demasiado líquido. Al final añade el arroz escurrido y cuando empiece a hervir de nuevo apaga el fuego, pues el plato ya estará a punto.

PROPIEDADES POR RACIÓN:

Proteínas: 8 g	H. Carbono: 39,5 g	Grasas: 1 g	Colesterol: 0 g	Calorías: 190 kcal

Berenjenas rellenas de carne

4 berenjenas medianas

250 g de carne ternera picada

2 tomates maduros

8 lonchas de queso para fundir

2 dientes de ajo

1 cebolla grande

4 rebanadas de pan rústico

leche

1 vasito de vino blanco seco

orégano fresco o seco

perejil picado

4 cucharadas de aceite de oliva

sal y pimienta

Las berenjenas rellenas de distintas carnes magras, siempre bien desgrasadas, son una excelente elección a la hora de mantener una dieta equilibrada, ya que su contenido en hidratos de carbono, proteínas y grasas es muy bajo, lo que compensa los porcentajes del resto de ingredientes.

1 Corta las berenjenas en dos mitades a lo largo, y haz en cada mitad unas incisiones con un cuchillo, sin llegar a la piel. Prepara una sartén con aceite y fríelas boca abajo con el aceite bastante caliente. A los 5 minutos habrán quedado tiernas. Sácalas de la sartén y déjalas enfriar sobre papel absorbente.

2 Cuando estén tibias, saca la pulpa con una cuchara, con cuidado de dejar una capa exterior de varios milímetros, para que la piel no se rompa. Reserva esta pulpa en un plato hondo. En otro plato con leche, pon a remojar la miga de pan (desecha la corteza).

3 En otra sartén, sofríe los ajos a fuego suave durante un par de minutos, añade la carne picada y saltéala unos minutos a fuego medio hasta que empiece a dorarse. Agrega entonces la cebolla y los tomates pelados y picados finos.

4 Rehoga durante 5 minutos, removiendo de vez en cuando con una cuchara de madera, y añade la miga de pan, convertida en una pasta (con un tenedor) y bien escurrida. Añade paulatinamente, sin dejar de cocer y mezclar, el vino blanco, una pizca de sal y pimienta molida, y el orégano.

5 Mientras acaba la cocción, machaca con un tenedor la pulpa de las berenjenas, añádela a la sartén y remueve un poco para que el preparado quede homogéneo. Retira del fuego, deja escurrir el aceite sobrante y rellena los barquitos de berenjena, colocándolos en una bandeja de horno rematados con una loncha de queso. Precalienta el horno a 180 ºC, introduce la bandeja en él durante 10 minutos y el plato ya está listo.

Si quieres potenciar el sabor de esta receta, cubre el fondo de la bandeja con una capa fina de salsa de tomate casera y un chorro de aceite.

La receta tradicional se hace con carne de cordero, pero también puede ser de ternera o de cerdo, o de una mezcla de estas dos últimas, siempre teniendo en cuenta que debe tratarse de carnes muy magras o muy bien desgrasadas.

Si no quieres freír las berenjenas, las puedes asar al horno, envueltas en papel de aluminio, como si se tratase de una escalibada, pero previamente cortadas por la mitad. Tardarán entre 20 y 30 minutos, según el tamaño.

PROPIEDADES POR RACIÓN:

Proteínas: 32 g	H. Carbono: 25 g	Grasas: 41 g	Colesterol: 98 g	Calorías: 597 kcal

| 4 | 20 min. | 40 min. | | • | cazuela | • |

400 g de lentejas cocidas

150 g de arroz

200 g de níscalos

200 g de champiñones frescos

50 g de jamón ibérico

1 cebolla

2 cucharadas de aceite de oliva

2 vasos de caldo de verduras

1 vasito de vino blanco seco

perejil

sal y pimienta

Lentejas con setas y arroz

Las lentejas se asocian tradicionalmente con platos de gran contundencia presididos por morcillas y chorizos, pero combinadas con arroz forman una pareja muy bien avenida, que puede aliarse con verduras y hortalizas, y dar como resultado recetas sorprendentes, muy nutritivas y equilibradas.

1　En una cazuela con dos cucharadas de aceite, sofríe la cebolla picada fina, a fuego suave, hasta que empiece a tomar color. Agrega el arroz y sofríelo con la cebolla durante 4 minutos. Echa un pellizco de sal, pero muy poca porque después añadirás el jamón.

2　Agrega un vaso de caldo de verduras y el vasito de vino, y deja cocer durante 15 minutos a fuego suave, hasta que el arroz esté al dente. Añade las lentejas y cuece 5 minutos más. Si hace falta, añade un poco más de caldo, pero con cuidado, porque el plato no debe quedar caldoso.

3　Desgrasa el jamón y córtalo en pequeñas tiras o cuadraditos. Limpia bien las setas, si son naturales, y córtalas en láminas finas. Desecha los pies.

4　Prepara una sartén con unas gotas de aceite y saltea en ella el jamón durante un minuto. Después añade los níscalos y los champiñones. Sofríelo todo junto durante 3 minutos y colócalo en el escurridor.

5　Cuando esté bien escurrido, añade este sofrito a la cazuela del arroz y las lentejas y remueve con cuidado con una espátula de madera que se mezclen todos los sabores.

Las lentejas secas naturales son un engorro, pues hay que ponerlas en remojo la noche anterior y a veces resulta difícil controlar después el punto de cocción. Sin embargo, existen variedades de cocción rápida que, en una olla a presión, pueden estar listas en menos de media hora.

Si usas una variedad de cocción rápida (los paquetes o envases indican los tiempos), guarda el caldo resultante, pues le podrás encontrar múltiples usos en otras recetas que requieran caldos de verduras o legumbres.

PROPIEDADES POR RACIÓN:

| **Proteínas: 28 g** | **H. Carbono: 68 g** | **Grasas: 8 g** | **Colesterol: 8 g** | **Calorías: 456 kcal** |

| 6 | 30 min. | 35 min. | | ● | cazuela | ●● |

1 kg de níscalos

1 kg de patatas

200 g de guisantes

2 alcachofas medianas

1 cebolla

4 dientes de ajo

2 vasos de caldo de carne

  o de verduras

tomillo

3 hojas de laurel

pimentón dulce

2 cucharadas de harina

4 cucharadas de aceite de oliva

sal

Verduras y patatas guisadas con setas

Aunque las setas no tienen propiedades nutritivas especialmente significativas, son uno de los alimentos más exquisitos y valorados en la gastronomía por su intenso sabor y su aroma, y están muy aconsejados en las dietas de adelgazamiento, ya que tienen muy pocas calorías.

1 Limpia los níscalos con un trapo de cocina o, si lo prefieres, lávalos con agua, aunque perderán parte de su aroma. Desecha los pies y corta los sombreros en trozos medianos de unos 3-4 cm.

2 Pela las patatas y córtalas también en trozos del mismo tamaño, rompiéndolos un poco antes de terminar el corte. Elimina las hojas exteriores de las alcachofas y córtalas verticalmente en láminas de un centímetro de grosor.

3 En una cazuela con 2 cucharadas de aceite sofríe la cebolla picada fina, añade las alcachofas, las patatas y los níscalos, y sigue sofriendo durante unos 5 minutos, removiendo de vez en cuando.

4 A continuación, agrega los guisantes, el tomillo, el laurel, una cucharada de pimentón dulce, los ajos picados finos y la harina. Remueve un poco y cubre con el caldo.

5 Deja cocer todo durante 20 minutos a fuego suave sin tapar la olla, para que la mayor parte del líquido se evapore. Se debe comer antes de que se enfríe.

El precio de este plato, en principio barato, puede elevarse si compras los níscalos al principio de la temporada, pues suelen ser bastante caros. También puedes usar setas de cardo, que se cultivan y son mucho más baratas y también muy sabrosas.

La técnica de romper los trozos de patata antes de acabar el corte tiene una finalidad muy precisa, pues en este punto de rotura la patata se deshace un poco y de esta manera espesa el líquido de la cocción.

Éste es un plato que gana mucho en sabor si se deja reposar de un día para otro y se recalienta a fuego muy suave.

PROPIEDADES POR RACIÓN:

| Proteínas: 9 g | H. Carbono: 31 g | Grasas: 8,5 g | Colesterol: 0 g | Calorías: 236,5 kcal |

6 · 20 min. · 45 min. · ● · horno · ●

Tarta de zanahorias

1 kg de zanahorias
250 g de champiñones
6 cebollas medianas
100 g de queso emmental rallado
100 g de pan rallado
4 dientes de ajo
2 huevos batidos
2 cucharadas de aceite de oliva
albahaca
tomillo
sal y pimienta

Crudas o cocidas, las zanahorias son muy recomendables por su gran contenido en betacaroteno (provitamina A) y aumentan el valor nutritivo de todos los platos en que participan, sean sopas, guisos o ensaladas, ya que pierden muy pocos componentes durante la cocción.

1 Precalienta el horno a 250 ºC. Pela las cebollas y rállalas muy finas.

2 En una sartén con el aceite, sofríe el ajo picado fino sin que llegue a dorarse, y después rehoga la cebolla durante 5 minutos. Añade los champiñones cortados a láminas finas. Reserva unos cuantos como adorno para el final. Salpimenta y agrega un pellizco de albahaca y otro de tomillo. Deja cocer durante 5-10 minutos más, a fuego lento.

3 En un cuenco hondo, bate los huevos y mézclalos con la mitad del queso y la zanahoria rallada. Añade también la mezcla de cebolla y champiñones, después de dejarla escurrir para eliminar el aceite que pueda haber absorbido.

4 Coloca este preparado en una bandeja para el horno y espolvoréalo con el queso sobrante y con el pan rallado. Tápala con papel de aluminio y hornea durante 30 minutos.

5 Pasado este tiempo, quita el papel, distribuye por encima los champiñones que has reservado después de cortarlos en 2 o 4 porciones (según el tamaño) y deja gratinar 10 minutos más.

Si deseas dar a la tarta un punto de «frescor», en el momento de retirar el papel de aluminio puedes adornarla con unos gajos de tomate y unos aros de cebolla, que quedarán medio crudos y aligerarán la consistencia del plato.

Las zanahorias se encuentran en el mercado durante todo el año, pero las de temporada, a finales de primavera, son más dulces y muy tiernas, por lo que resultan muy aptas para consumirlas crudas.

Si quieres congelar zanahorias, corta las puntas, ráspalas, lávalas bien y escáldalas en agua hirviendo durante 2-3 minutos antes de introducirlas en el congelador.

PROPIEDADES POR RACIÓN:

Proteínas: 21 g	H. Carbono: 56 g	Grasas: 17 g	Colesterol: 133 g	Calorías: 461 kcal

4	20 min.	30 min.		●	horno	

4 pimientos rojos grandes

200 g de queso feta o de mozzarella

4 cucharadas soperas de piñones

3 dientes de ajo

menta fresca

tomillo seco

1 limón

4 cucharadas de aceite de oliva

sal y pimienta

Escoge pimientos grandes, de forma más bien rectangular, y de piel dura e intacta. También sirven los de la variedad de color amarillo, más dulces y afrutados.

Los pimientos tienen el doble de vitamina C que las naranjas, además de betacarotenos, vitaminas del grupo B y mucho ácido fólico, por lo que resultan muy saludables para una dieta equilibrada.

Pimientos rellenos de queso y piñones

Aunque los pimientos son una hortaliza típicamente veraniega, se pueden encontrar durante todo el año y de muy buena calidad. Esta receta, procedente de Grecia, funde el poderoso sabor del pimiento con la suavidad del queso y el intenso aroma de los piñones.

1   Lava y corta los pimientos por la mitad, longitudinalmente, sin quitarles el pedúnculo. Elimina todas las pepitas. Frota la piel con un poco de aceite y colócalos boca arriba en una fuente para horno en la que previamente habrás esparcido el resto del aceite.

2   Corta los ajos en láminas muy finas y coloca la mitad en el fondo de las mitades de pimiento. Haz una mezcla con los piñones, el queso cortado en láminas finas, las hojas de menta, la ralladura de la piel del limón, el tomillo y la pimienta. Si has escogido mozzarella, que no es demasiado salada, sazona un poco.

3   Rellena los pimientos y riega por encima con el resto del aceite, ligeramente, y con el zumo del limón.

4   Asa en el horno precalentado a 200 ºC durante 30 minutos. La señal de que están en su punto es que se empiezan a chamuscar ligeramente los bordes cortados y los piñones empiezan a dorarse. Se sirven calientes.

PROPIEDADES POR RACIÓN:

Proteínas: 9,5 g	H. Carbono: 10 g	Grasas: 18 g	Colesterol: 25 g	Calorías: 240 kcal

invierno

Las recetas de verduras guisadas, estofadas o al horno, tanto si son de temporada como de invernadero, hacen que el invierno sea una época tan estimulante como cualquier otra desde el punto de vista culinario y gastronómico.

Estofado de verduras y legumbres

250 g de garbanzos cocidos

250 g de alubias blancas cocidas

250 g de acelgas

1 puerro grande

1 pimiento morrón verde

2 zanahorias

2 tallos de corazón de apio

2 patatas medianas

3 tomates maduros

2 vasos de caldo de verduras

1 cucharadita de comino molido

1 cucharadita de pimentón picante

2 ramitas de menta fresca

sal y pimienta

Las legumbres, liberadas de los productos del cerdo que tradicionalmente las acompañan en estofados, guisos y potajes, constituyen un sustituto ideal de la carne como fuente de proteínas para el organismo.

1   Lava los tallos de apio y córtalos en rodajas de medio centímetro. Pela las zahanorias y córtalas del mismo modo. Lava y despepita el pimiento y córtalo en pequeños cuadrados.

2   Pon a calentar el caldo en una cazuela grande y, antes de que empiece a hervir, vierte en ella las zanahorias, el apio y los pimientos. Deja hervir durante 5 minutos.

3   Mientras, escalda los tomates, elimina la piel y córtalos a trocitos pequeños. Pela las patatas y haz lo mismo. Agrégalos a la cazuela, junto con las ramitas de menta picada fina, el comino y el pimentón. Deja hervir durante 10 minutos

4   Pasado este tiempo, añade los garbanzos y las alubias. Rectifica de sal si el caldo de verduras era soso. Cuando arranque de nuevo el hervor, tapa la cazuela y cuece 10 minutos más, comprobando que los garbanzos y las alubias no se deshagan. Si hay demasiado líquido, destapa la cazuela durante este último paso, pues este plato no debe parecer una sopa ni un potaje. Se sirve caliente.

El pimiento verde, muy rico en vitamina C, es imprescindible para poder aprovechar el alto contenido en hierro de las legumbres, ya que el organismo humano no puede fijar este mineral sin la aportación de la vitamina.

Si quieres degustar el sabor de las verduras y legumbres sin demasiados aditivos, elimina en primer lugar el comino (de aroma muy fuerte y característico), y también el pimentón.

Si usas legumbres enlatadas, lávalas bien bajo el chorro de agua fría para eliminar a conciencia los conservantes.

PROPIEDADES POR RACIÓN:

Proteínas: 12,5 g   H. Carbono: 38 g   Grasas: 2 g   Colesterol: 0 g   Calorías: 220 kcal

| 4 | 20 min. | 35 min. | | | • | horno | • |

Verduras al horno con aceitunas

4 calabacines medianos

2 berenjenas medianas

4 tomates maduros grandes

2 cebollas grandes

150 g de aceitunas negras

2 filetes de anchoa en aceite

4 cucharadas de aceite de oliva

pimienta blanca

sal

Las verduras al horno admiten multitud de combinaciones. En esta receta, la pasta de aceitunas negras y anchoas, fuertemente aromatizada por la pimienta blanca, da un sorprendente toque de sabor mediterráneo a los productos de la huerta.

1 Precalienta el horno a 200 ºC. Rocía con aceite el fondo de una bandeja refractaria y hornea las aceitunas durante 10 minutos.

2 Mientras, lava los calabacines, los tomates y las berenjenas, elimina los pedúnculos y corta las verduras en rodajas de un centímetro de grosor. Pela las cebollas y córtalas en aros finos.

3 Saca la bandeja del horno, deshuesa las aceitunas y pícalas en un mortero con las anchoas, la pimienta, la sal y una cucharada de aceite, hasta formar una pasta homogénea

4 En la misma bandeja que has usado para hornear las aceitunas, ve formando capas de rodajas de berenjena, calabacín, tomate y cebolla, extendiendo entre capa y capa un poco de la salsa de aceitunas. La última capa ha de ser de verduras. Sazona un poco por encima y pon la bandeja al horno durante 20 minutos con el gratinador apagado. Pasado este tiempo, enciende el gratinador durante 5 minutos.

Si las berenjenas y los calabacines son tiernos y frescos no hay necesidad de pelarlos. Además, hay que tener en cuenta que muchas de las vitaminas de estas verduras se hallan concentradas en la piel.

Las aceitunas contienen una proporción de 20 g de grasa por cada 100 g, en la que predominan los ácidos grasos insaturados sobre los saturados, por lo que resultan muy recomendables en situaciones de exceso de colesterol y triglicéridos.

PROPIEDADES POR RACIÓN:

| Proteínas: 7 g | H. Carbono: 23 g | Grasas: 12 g | Colesterol: 0 g | Calorías: 228 kcal |

6	45 min.	40 min.			●●	cazuela	●	

Acelgas rellenas de verdura

1 kg de acelgas grandes

2 cebollas grandes

6 tomates grandes

150 g de perejil picado

300 g de arroz

400 g de garbanzos cocidos

2 cucharadas de piñones

2 cucharadas de nueces

4 cucharadas de aceite de oliva

sal y pimienta

Una receta tradicional de la cocina libanesa, con productos vegetales típicamente mediterráneos, que permite múltiples reinterpretaciones y variantes: desde el relleno de distintas carnes hasta la mezcla de todo tipo de hortalizas.

1   Separa las pencas o troncos de las acelgas. Lava bien las hojas y sumérgelas durante 2 minutos en agua hirviendo con sal. Déjalas escurrir bien y colócalas planas sobre una tabla. Quita el nervio central y córtalas en tiras largas y rectangulares de unos 8-10 cm.

2   En un mortero, machaca –pero no demasiado, sin que lleguen a formar una pasta– el perejil, los piñones y las nueces. Pica finamente las cebollas, y mézclalo todo con el arroz y los garbanzos, además de la pimienta y la sal, y una cucharada de aceite.

3   Extiende unas cucharaditas de este relleno sobre las tiras de acelga y enróllalas como si fueran un cigarrillo. Presiona los extremos para que el relleno no se salga.

4   Coloca los canutillos en una cazuela, en la que antes habrás vertido el aceite y la mitad de los tomates cortados en pequeños cubos. Cúbrelos con el resto del tomate. Sazona por encima y pon a hervir con agua que cubra someramente los rollitos.

5   Cuece a fuego lento durante 30 minutos, hasta que el tomate se espese. Remueve de vez en cuando, moviendo la cazuela por las asas o con una espátula, pero con mucho cuidado para que los rollitos no se deshagan. Se pueden servir tibios o fríos.

Puedes sustituir los garbanzos por la misma cantidad de carne magra de ternera (salpimentada, e incluso con un poco de ajo y perejil picados) y conseguirás una variante con un rico aporte de proteínas

Si te molesta la piel de los garbanzos, sumérgelos en agua salada hirviendo. Así se desprenderá con facilidad al escurrirlos. Ten en cuenta que quedarán ya un poco salados.

Otra forma de preparar este plato consiste en reducir al mínimo los garbanzos (100 g) y añadirle pequeñas cantidades de hortalizas como pimientos berenjenas y calabacines.

PROPIEDADES POR RACIÓN:

Proteínas: 16,5 g	H. Carbono: 68 g	Grasas: 13 g	Colesterol: 0 g	Calorías: 455 kcal

4 | 15 min. | 30 min. | • | cazuela | ••

300 g de almejas o chirlas

6 patatas medianas

4 alcachofas medianas

2 tomates maduros

1 cebolla mediana

2 dientes de ajo

1 ramita de perejil fresco

1/2 cucharadita de pimentón dulce

4 cucharadas de aceite de oliva

sal

Patatas con alcachofas y almejas

Verduras y marisco son una alianza tradicional en las costas mediterráneas. Esta sencilla receta es una buena muestra de la recuperación de los platos más tradicionales de nuestra cocina.

1 Coloca las almejas o chirlas en un cazo de agua con sal, para que se depuren. Corta en trozos pequeños el pimiento, los tomates (mejor pelados) y la cebolla. Elimina las puntas y las hojas exteriores de las alcachofas y divídelas en cuatro porciones.

2 Pon al fuego una sartén con 3 cucharadas de aceite y deja sofreír las verduras lentamente durante 10 minutos. Sazona.

3 Mientras, pela y corta las patatas. Cuando el sofrito esté a punto, viértelo en una cazuela, colócala a fuego lento y añade las patatas con un poco más de sal y el pimentón. Cubre las patatas con agua (o con caldo de pescado, si dispones de él), sin que las sobrepase demasiado, remueve bien y sube a fuego medio.

4 Machaca en un mortero los ajos y el perejil con una cucharada de aceite, y cuando hayas obtenido una pasta viértela sobre el guiso y remueve de nuevo. Cuece durante 20 minutos con la cazuela destapada. Cuando falten sólo 5 minutos, pasa las almejas por agua fría y añádelas.

El tiempo de cocción puede variar bastante según la variedad de patata, por lo que es importante que las vayas pinchando con la punta de un cuchillo para ver si ya están cocidas.

Si el guiso queda demasiado líquido, saca un par de trozos de patata, cháfalas con un tenedor, échalas de nuevo en la cazuela y remueve un poco.

Otra forma de espesar el guiso, y al mismo tiempo añadirle nuevos sabores, consiste en agregar a la picada unas cuantas almendras y avellanas tostadas y unos cuadraditos de pan frito. En este caso, conviene añadir la picada a 10 minutos del final.

PROPIEDADES POR RACIÓN:

| Proteínas: 12 g | H. Carbono: 51 g | Grasas: 12 g | Colesterol: 13 g | Calorías: 360 kcal |

4	15 min.	35 min.				•		cazuela	•

400 g de patatas

650 g de coles de Bruselas

3 tomates maduros medianos

1 cebolla

1 pimiento verde

albahaca fresca

sal y pimienta

Coles de Bruselas guisadas a la albahaca

A diferencia de otras verduras, las coles de Bruselas siempre se consumen cocinadas. Se pueden preparar rehogadas, y servirse solas o como acompañamiento de otros platos. Son una magnífica guarnición para las recetas de carne y un ingrediente muy adecuado en las menestras.

1   Quita a las coles las hojas exteriores, elimina el pedúnculo y haz un pequeño corte en la parte del tallo. Hiérvelas en agua con sal, en una olla, durante 10 minutos. Sácalas con un escurridor.

2   En la misma olla, hierve las patatas cortadas a trozos medianos. Sácalas cuando les falte un punto de cocción y déjalas escurrir. No tires el caldo de cocción.

3   Pela la cebolla y córtala en aros finos. Lava el pimiento, quita el tallo y las semillas y córtalo en trozos de un par de centímetros.

4   Hierve la cebolla y los pimientos en el agua de cocción de las coles y las patatas, después de haber eliminado una buena parte, sin tirarla, para poder usarla si la necesitas. A los 10 minutos, añade el tomate pelado y troceado, y la albahaca picada fina.

5   Por último, añade las coles y las patatas, y si hace falta un poco más de caldo. Deja cocer a fuego muy lento durante 5 minutos. Se sirve escurrido, con una pizca de pimienta espolvoreada por encima.

El secreto de esta sencillísima receta no es otro que el control del caldo de las distintas cocciones, que nunca debe ser excesivo, para que no quede aguado, y se vayan sumando los sabores de las distintas verduras.

Cuando compres coles de Bruselas comprueba que sean lisas, firmes, apretadas y pesadas para su tamaño, y de color verde intenso. La zona del tallo debe ser de color blanco. Desecha las coles con manchas o puntos marchitos, y las de color amarillento o marrón.

Las coles de Bruselas se pueden congelar (6 meses) escaldándolas antes durante 3-5 minutos.

PROPIEDADES POR RACIÓN:

Proteínas: 12 g	H. Carbono: 33 g	Grasas: 1,5 g	Colesterol: 0 g	Calorías: 193,5 kcal

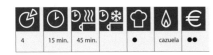

4	15 min.	45 min.		●	cazuela	●●

600 g de alubias blancas cocidas

16 almejas o chirlas

8 gambas frescas

2 vasos de fumet de pescado

2 cebollas

2 tomates

1 rebanada pequeña de pan frito

**1 cucharada de almendras
tostadas**

1 cucharada de avellanas tostadas

2 dientes de ajo

4 cucharadas de aceite de oliva

perejil

sal

La versión más barata de esta receta, igualmente apetitosa, consiste en sustituir las gambas frescas por colas de gamba congeladas y las almejas por chirlas, y seguir los mismos pasos.

No conviene que las almejas y las gambas se cuezan demasiado, pues se endurecen y pierden buena parte de su sabor.

Según una antigua creencia popular, los mejores meses para degustar el marisco son los que contienen en su nombre una «erre», es decir todos menos mayo, junio, julio y agosto.

Alubias a la marinera con gambas y almejas

Las gambas y las almejas, con sus penetrantes aromas marinos, pueden ser por sí solas protagonistas indiscutibles de un plato principal, acompañadas únicamente por aceite, perejil y sal, por ejemplo. Al combinarlas con las verduras y las legumbres las empapan con su extraordinario sabor.

1   Coloca las almejas en un cazo cubiertas de agua con abundante sal, para que suelten la arena, si es que la tuvieran. Otro método para que se abran y queden limpias consiste en ponerlas al fuego en un cazo sin nada de agua, para que no pierdan sabor.

2   En una cazuela con el aceite, sofríe la cebolla y un diente de ajo picados finos hasta que la cebolla esté transparente, añade el tomate triturado y deja sofreír durante 10 minutos más. A continuación incorpora el fumet y cuece durante 5 minutos a fuego suave, a partir del momento en que arranque el hervor.

3   Saca el sofrito, deja escurrir el aceite sobrante y pásalo por el colador chino para obtener una salsa bien fina. Incorpórala de nuevo a la cazuela, junto con las alubias. Deja cocer durante 5 minutos más.

4   Mientras, en un mortero, pica el pan frito (antes, déjalo escurrir bien en papel absorbente), las almendras, las avellanas y el otro diente de ajo. Si la pasta queda muy espesa, añade un poco de fumet.

5   Agrega la picada a la cazuela, con las almejas y las gambas, después de eliminar todas las antenas y pasarlas bajo un chorro de agua fría. Deja cocer durante 3-5 minutos (según el tamaño de las gambas), moviendo la cazuela por las asas de vez en cuando, y ya está listo el plato. Deja reposar unos minutos antes de servir.

PROPIEDADES POR RACIÓN:

Proteínas: 19,5 g	H. Carbono: 35 g	Grasas: 17 g	Colesterol: 40 g	Calorías: 371 kcal

| 4 | 30 min. | 15 min. | | | • | sartén | • | € |

1 kg de espinacas tiernas o congeladas

4 cucharadas soperas de piñones

4 cucharadas soperas de pasas de Corinto, sin semillas

100 g de jamón ibérico en lonchas

3 cucharadas de aceite de oliva

sal y pimienta

Espinacas con pasas y piñones

Aunque la moderna medicina nutricional ha descubierto que las espinacas no contienen la gran cantidad de hierro que les atribuía la creencia popular, siguen siendo un valioso alimento rico en vitaminas y minerales, y la base de numerosas recetas y guarniciones.

1 Pon en remojo las pasas en un poco de agua tibia.

2 Limpia a conciencia las espinacas (si son frescas suelen tener bastante tierra) después de cortar el extremo del tallo. Cambia el agua varias veces. Córtalas en tiras de 1-2 cm.

3 En una olla a presión con un vaso de agua, sal y una cucharada de aceite, pon a hervir las espinacas durante 3 minutos.

4 Déjalas escurrir muy bien, hasta que suelten toda el agua. Gíralas varias veces, y si hace fata apriétalas con un tenedor.

5 Mientras se escurren, si has decidido hacer el plato con jamón, quítale las tiras exteriores de grasa y córtalo en pequeños dados. En una sartén con aceite, a fuego suave, da unas pasadas rápidas al jamón e incorpora las pasas y los piñones, sin dejar de remover, para que nada se tueste demasiado. Las pasas deben quedar ligeramente hinchadas.

6 Enseguida, añade las espinacas. Sigue removiendo durante 5 minutos, para que se mezclen bien todos los sabores. Al final, si te apetece, puedes añadir un poco de pimienta, aunque algunos opinan que no es necesaria, ya que estropea el delicado contraste de lo dulce y lo salado.

Es muy importante escurrir bien las espinacas, para que el plato no quede aguado. Si tienes tiempo, cuécelas media hora antes de comenzar a preparar la receta y déjalas durante 30 minutos sobre un plato de postre colocado del revés sobre otro plato hondo. Así se escurren mejor que con los coladores tradicionales.

Según la sabiduría popular, las espinacas deben consumirse inmediatamente después de cocinadas y nunca deben recalentarse, ya que no resultan nada apetitosas porque pierden todo su sabor.

PROPIEDADES POR RACIÓN:

| Proteínas: 9 g | H. Carbono: 29,5 g | Grasas: 11 g | Colesterol: 0 g | Calorías: 253 kcal |

| 4 | 60 min. | 30 min. | 60 min. | ●● | horno | ●● |

4 cebollas grandes

300 g de jamón ibérico

2 dientes de ajo

2 pimientos verdes

2 tomates muy maduros

2 huevos

100 g de queso parmesano

1/2 vaso de vino blanco

caldo de verduras o de pollo

aceite de oliva

pimienta blanca

sal

Para facilitar el proceso de vaciado de las cebollas, que es el paso más complicado, debes escoger una variedad de cebolla de carne dura y prieta, y piezas grandes y compactas.

Cuando vayas a comprar cebollas escoge piezas de bulbo firme, sin brotes nuevos y con la piel crujiente, lo que es una señal de que no llevan mucho tiempo almacenadas.

Las cebollas no se deben meter en la nevera. Se han de guardar en un lugar seco y ventilado, sin luz directa y separadas, sin amontonar.

Cebollas rellenas de jamón ibérico

La cebolla, junto con el tomate, es un producto casi imprenscindible en la cocina, pues es uno de los condimentos más empleados en la cultura gastronómica mediterránea. En esta receta con dos protagonistas, el dulce aroma de las cebollas se funde y compite con el sabor salado del jamón ibérico.

1   En una olla con agua hirviendo con un pellizco de sal, blanquea las cebollas peladas durante 3 minutos. Sácalas, déjalas escurrir y métalas en la nevera durante una hora.

2   Con un cuchillo afilado, corta la parte superior (la del tallo) de las cebollas y vacía las capas centrales con cuidado, extrayendo más o menos la mitad de la cebolla. Pica muy finas las capas que has extraído y resérvalas.

3   Lava los tomates, escáldalos y elimina la piel. Lava los pimientos y quítales el tallo y las semillas. Córtalos a trocitos más bien pequeños.

4   En una sartén con unas gotas de aceite rehoga durante 2 minutos a fuego lento el jamón picado muy fino, después de eliminar las tiras de grasa. Agrega la cebolla picada, el tomate y los pimientos. Sigue rehogando durante 5 minutos.

5   Deja enfriar este preparado. Mientras, bate los huevos y pica los ajos bien finos. Agrega los huevos, el ajo y el queso a la mezcla anterior, remueve bien y rellena las cebollas con la mezcla.

6   Prepara una bandeja para el horno (precalentado a 180 ºC) y rocía el fondo con un poco de aceite, medio vaso de caldo y medio de vino blanco. Coloca en ella las cebollas y rocíalas con otro chorrito de aceite y unas cucharadas de caldo. Asa las cebollas durante 20 minutos. A los 10 minutos, baja el horno a 120 º C y cúbrelas con papel de aluminio para que no se chamusquen y se impregnen del vapor de los líquidos.

PROPIEDADES POR RACIÓN:

| Proteínas: 20 g | H. Carbono: 21 g | Grasas: 16,5 g | Colesterol: 86 g | Calorías: 312,5 kcal |

4 | 20 min. | 70 min. | • | horno | •

4 pimientos rojos grandes

200 g de arroz

250 g de carne magra de ternera picada

250 g de tomates maduros o de lata

2 cebollas

4 cucharadas soperas de aceite

1 cucharadita de azúcar

orégano

sal

Los pimientos rellenos son una excelente oportunidad para aprovechar sobras de platos del día anterior. Si te ha sobrado un poco de pisto y arroz blanco, por ejemplo, puedes mezclarlos y rellenar con ellos los pimientos.

Cuando compres la carne en un establecimiento que no conoces, escoge la pieza que te parezca más magra y tierna, y pídele al carnicero que la pique al momento. Procura no comprar carne picada con antelación.

Pimientos rellenos de arroz y carne

Casi el cincuenta por ciento de los platos tradicionales mediterráneos llevan como ingrediente el pimiento, ya sea fresco, seco o molido. Y aunque existe multitud de variedades de pimientos, el más célebre es el pimiento morrón rojo, de piel dura, dulce y carnoso, ideal para rellenarlo y asarlo al horno.

1   Una vez lavados los pimientos (que deben de ser de paredes gruesas y firmes, y con la base tan horizontal como sea posible, para que se mantengan de pie), corta la parte superior, como si fuese un sombrero, y elimina las semillas del interior. Colócalos de pie en una bandeja para el horno, untada con dos cucharadas de aceite, y precalienta el horno a 200 ºC.

2   En una sartén con la mitad del aceite sofríe a fuego suave la cebolla picada fina y, cuando empiece a dorarse (10 minutos), añade la carne picada. Sofríe unos minutos más y añade los tomates triturados y sin piel, la sal, el orégano y el azúcar. Baja el fuego y deja cocer durante 15 minutos.

3   Pasado este tiempo, añade el arroz y déjalo cocer 5 minutos más para que quede bien impregnado del sabor del conjunto. Retira del fuego y rellena los pimientos, con cuidado para que no se rompan.

4   Tápalos con el «sombrero» y déjalos asar en el horno durante 45 minutos. Antes de que transcurra este tiempo, controla que no se doren demasiado. Si es así, tápalos con papel de aluminio hasta el final de la cocción.

5   Sácalos del horno, destapa uno y comprueba si el arroz está en su punto. Se pueden servir tal cual, sin el sombrero, o cortados por la mitad verticalmente, pero en este caso suele desmontarse bastante el relleno.

PROPIEDADES POR RACIÓN:

| Proteínas: 19 g | H. Carbono: 53 g | Grasas: 13 g | Colesterol: 46 g | Calorías: 405 kcal |

4-6	25 min.	50 min.			horno	€

Musaka de verduras con yogur y queso

2 berenjenas medianas

2 calabacines medianos

2 pimientos rojos

2 cebollas medianas

400 g de tomate de lata triturado

2 huevos

2 yogures griegos

50 g de queso feta o parmesano

2 dientes de ajo

1 vasito de vino blanco

6 cucharadas de aceite de oliva

1 cucharadita de tomillo seco

La musaka es el plato griego de mayor fama internacional. Aunque la receta más tradicional incluye carne de cordero picada y berenjena como verdura principal, resulta muy fácil inventarle variantes que combinen bien distintas verduras con el queso y el yogur.

1 Corta las berenjenas en rodajas de medio centímetro, colócalas en un colador y espolvoréalas con sal para eliminar el regusto amargo y el exceso de agua. Déjalas reposar durante media hora.

2 Corta el calabacín en rodajas del mismo grosor, el pimiento en trozos de unos dos centímetros, las cebollas en gajos finos y los ajos en trozos medianos. Lava las berenjenas en agua fría y déjalas secar bien sobre papel absorbente.

3 Coloca todas estas verduras en una bandeja para el horno, echa por encima el aceite, el vino, el tomillo, la sal y la pimienta, y distribúyelo todo bien. Introduce la bandeja en el horno precalentado a 220 °C durante 30 minutos. A media cocción, remueve un poco para se ase de modo uniforme y quede todo bien impregnado de jugo.

4 Cuando las verduras estén listas, sácalas del horno y coloca la mitad en el fondo de otra fuente. Reparte por encima el tomate con su jugo, añade un poco de sal, y encima forma otra capa con el resto de la verdura.

5 Bate los huevos con los yogures y cubre las verduras con esta mezcla y el queso desmenuzado. Coloca en el horno a 180 °C durante 30 minutos hasta que se dore. La musaka se puede servir templada o fría.

Si las berenjenas son pequeñas no hace falta que las dejes reposar con sal, pues no tienen el amargor de las grandes ni tanta agua. Sin embargo, comprueba que estén maduras, porque a veces son pequeñas porque no han madurado lo suficiente en la mata.

Un truco para saber si las berenjenas están maduras consiste en presionarlas ligeramente con los dedos. Si queda huella, están maduras, pero si tras la presión no queda ninguna marca, es que aún no han alcanzado el grado óptimo de madurez.

PROPIEDADES POR RACIÓN:

Proteínas: 13 g   H. Carbono: 21 g   Grasas: 22 g   Colesterol: 109 g   Calorías: 334 kcal

| 4 | 20 min. | 35 min. | | ● | cazuela | ● |

1 coliflor mediana

6 cebollas tiernas

3 cucharadas de pasas sin semillas

3 cucharadas de piñones

2 lonchas de beicon (opcional)

3 cucharadas de aceite de oliva

1/2 vasito de vino blanco

2 dientes de ajo

sal

Coliflor rehogada con pasas y piñones

Aunque no es una hortaliza muy popular, la coliflor es la más sabrosa de toda la familia de las coles y tiene excelentes propiedades nutritivas. Puede servir como guarnición de platos de carne y pescado, o como plato principal acompañada de patatas, huevos duros e incluso frutos secos.

1   Pon en remojo las pasas en una taza con agua tibia, durante 10 minutos. Separa la coliflor en pequeños ramitos y déjala en agua fría con una cucharada de vinagre o de zumo de limón, también durante 10 minutos. Escurre y reserva las pasas. Lava y escurre los ramitos de coliflor.

2   Coloca la coliflor en una olla de agua hirviendo con sal, que apenas la cubra para que no se rompa, añade una cucharada de aceite y déjala hervir tapada a fuego lento durante 10 minutos.

3   Mientras, corta muy finas las cebollas tiernas, pica los ajos y póchalos en una cazuela con 2 cucharadas de aceite, a fuego muy suave, hasta que empiecen a transparentar, pero sin que lleguen a dorarse. Si has decidido usar el beicon, córtalo en tiras finas y añádelo al mismo miempo que la cebolla.

4   Agrega la coliflor, déjala rehogar 2-3 minutos y añade las pasas, los piñones, el vino y medio vaso de agua. Deja cocer a fuego lento durante 10-15 minutos, hasta que la mayor parte del líquido se evapore. Rectifica de sal si es necesario.

Otra forma de de tratar las pasas y los piñones consiste en pasarlos por la sartén (sin previo remojo de las pasas) durante unos minutos antes de echar la cebolla.

Si te molesta el penetrante olor de la coliflor hervida, añade al agua un par de chorritos de leche, un tallo de apio o un trozo de miga de pan empapada en vinagre.

Las aceitunas negras deshuesadas, cortadas en pequeños trozos y pasadas por la sartén con las pasas y los piñones, pueden sustituir perfectamente al beicon y darán a la receta un toque todavía más mediterráneo.

PROPIEDADES POR RACIÓN:

| Proteínas: 10 g | H. Carbono: 30 g | Grasas: 45 g | Colesterol: 26 g | Calorías: 565 kcal |

300 g de acelgas

300 g de judías verdes

200 g de garbanzos cocidos

2 puerros

1 cebolla pequeña

2 zanahorias

1 pimiento verde pequeño

1 pimiento rojo pequeño

2 tomates

1 diente de ajo

3 cucharadas de aceite de oliva

1/2 vasito de vino blanco seco

laurel

sal y pimienta

Acelgas y judías verdes estofadas con garbanzos

La técnica del estofado es particularmente interesante en el caso de las verduras y las legumbres, que al cocerse lentamente en sus propios jugos y combinándose con el resto de condimentos producen un resultado gastronómico de primera categoría.

1   Lava las judías y córtalas en trozos de unos 3 cm. Separa las acelgas de la parte más gruesa de las pencas y corta las hojas en tiras de unos 2 cm.

2   Cuécelas en la olla a presión, con un dedo de agua, una cucharada de aceite y sal, durante 3 minutos. Escúrrelas y resérvalas.

3   En una cazuela, con el resto del aceite, sofríe ligeramente el ajo y la cebolla picados muy finos, sin que lleguen a dorarse. Añade el vino y déjalo reducir a fuego vivo, removiendo sin parar.

4   Corta en pequeños dados los pimientos, los tomates y las zanahorias, y los puerros a rodajas finas, y añádelos a la cazuela. Rehoga durante 5 minutos, removiendo de vez en cuando.

5   Por último, agrega las judías verdes y las acelgas que has reservado, los garbanzos y la hoja de laurel. Cubre apenas con agua, salpimenta y deja hervir a fuego muy bajo durante 8-10 minutos. Cuando las zanahorias estén tiernas al pincharlas con la punta de un cuchillo, el plato estará listo.

La mejor época para el consumo de las acelgas va desde finales de otoño a principios de primavera.
Las mejores acelgas son las de hojas tersas, brillantes y de color verde uniforme, sin manchas, con las pencas duras y muy blancas.

Si compras acelgas frescas y quieres congelarlas, escáldalas previamente en agua hirviendo durante 2-3 minutos y déjalas escurrir bien.

Las hojas verdes requieren menos de la mitad del tiempo de cocción que las pencas, por lo que es mejor hervirlas antes y añadir después las hojas, para evitar que éstas queden demasiado blandas.

PROPIEDADES POR RACIÓN:

Proteínas: 14 g	H. Carbono: 36 g	Grasas: 11 g	Colesterol: 0 g	Calorías: 295 kcal

| 4 | 25 min. | 60 min. | | ●● | cazuela | ● |

8 alcachofas medianas

2 zanahorias

2 cebollas tiernas

2 patatas medianas

250 g de guisantes

1/2 vaso de caldo de verduras

4 cucharadas de aceite

1 limón

1 cucharadita de harina

aceite de oliva

sal y pimienta

Alcachofas rellenas de verduras

La alcachofa es considerada como el prototipo de la hortaliza sana, ya que estimula el apetito, tiene propiedades diuréticas y es especialmente recomendable en dietas que deban evitar el colesterol. Es excelente como acompañamiento de otras verduras, como guarnición de carnes y pescados o como plato principal acompañada de mariscos o jamón.

1 Elimina las hojas exteriores más duras de las alcachofas y divídelas en dos de arriba a abajo. Elimina los pelos plumosos del centro, aunque si no son muy grandes habrá pocos. Colócalas en un recipiente con agua y el zumo de medio limón, para que no se ennegrezcan.

2 Corta las verduras a trozos bastante pequeños y rehógalas durante 5-10 minutos en una sartén con 2 cucharadas de aceite y el ajo picado.

3 Prepara una cazuela bastante ancha, para que quepan holgadamente las 16 mitades de alcachofa, y vierte en ella 2 cucharadas de aceite y medio vaso de caldo de verduras. Rellena los centros con parte de las verduras rehogadas. Salpimenta todo el conjunto y distribuye el resto de las verduras.

4 Bate la harina con el zumo del medio limón restante y viérte la mezcla sobre las alcachofas.

5 Tapa la cazuela y deja cocer a fuego muy suave durante 45 minutos (o más si las alcachofas son grandes). Se pueden servir frías.

Con las alcachofas no utilices cuchillos o recipientes metálicos que no sean de acero, pues la alcachofa contiene fermentos muy oxidantes (por eso se ennegrece rápidamente al contacto con el aire).

Las alcachofas frescas se distinguen porque presentan las hojas bien apretadas, son de tacto firme y pesan en la mano. Si el color de las hojas en el centro es demasiado oscuro, es señal de que están a punto de abrirse.

Un truco: añade un terrón de azúcar al agua de cocción y las alcachofas quedarán más sabrosas y menos amargas.

PROPIEDADES POR RACIÓN:

| Proteínas: 9 g | H. Carbono: 29,5 g | Grasas: 11 g | Colesterol: 0 g | Calorías: 253 kcal |

índice